玩转"电商营销+互联网金融"系列

一本书读懂在线教育

海天电商金融研究中心　编著

清华大学出版社

北　京

内 容 简 介

本书是一本全面揭秘在线教育运营模式、盈利技巧、平台类型、网站发展、多元产品、未来动态的专著,特别是对学大教育、学而思教育、新东方教育、腾讯教育、淘宝教育、百度教育、中华会计网校、网易云课堂、沪江网校、猿题库等影响力很大的教育平台,以及慕课、微课案例进行了分析,为教育企业的跨界、转型提供实战指导。

全书分为三篇:认识篇、模式篇、案例篇。所有内容零基础、全图解,通过 7 个在线教育平台详解、17 章专题内容详解、30 多个专家提醒奉献、200 多张图片、400 多个通俗易懂的图解,深度剖析在线教育的精华之处,让您一书在手,即可彻底读懂在线教育模式,熟练掌握、运用在线教育平台,从新手成为在线教育领域内的高手!

本书结构清晰、语言简洁、图解丰富,尤其是对于网易公开课、学大教育、学而思教育、新东方教育等的深入剖析,十分全面,适合互联网在线教育机构的管理者、在线教育行业的从业者、对在线教育感兴趣的人士,以及希望通过在线教育这个热门领域获得第一桶金的投资者与创业者阅读,同时也适合传统教育向 O2O 教育转型的教育机构、想构建网校的教育机构及教育类企业参阅。

图书在版编目(CIP)数据

一本书读懂在线教育/海天电商金融研究中心编著. —北京:清华大学出版社,2016
(玩转"电商营销+互联网金融"系列)
ISBN 978-7-302-44427-5

Ⅰ. ①一… Ⅱ. ①海… Ⅲ. ①网络教育 Ⅳ. ①G434

中国版本图书馆 CIP 数据核字(2016)第 168486 号

责任编辑:杨作梅
装帧设计:杨玉兰
责任校对:文瑞英
责任印制:王静怡

出版发行:清华大学出版社
　　网　　址:http://www.tup.com.cn,http://www.wqbook.com
　　地　　址:北京清华大学学研大厦 A 座　　邮　　编:100084
　　社总机:010-62770175　　　　　　　　邮　　购:010-62786544
　　投稿与读者服务:010-62776969,c-service@tup.tsinghua.edu.cn
　　质 量 反 馈:010-62772015,zhiliang@tup.tsinghua.edu.cn
印 装 者:清华大学印刷厂
经　　销:全国新华书店
开　　本:170mm×240mm　　印　　张:20　　字　　数:396 千字
版　　次:2016 年 8 月第 1 版　　　　印　　次:2016 年 8 月第 1 次印刷
印　　数:1~3000
定　　价:59.80 元

产品编号:068081-01

前　　言

■ 写作驱动

在线教育的浪潮已经席卷而来，现在是国内在线教育发展的最好时期，我们该如何应对？

在线教育之所以能为教育业带来新的革命，正是因为在线教育与传统教育两方之间存在着机遇与挑战、冲突与抗衡。作为时下热点话题，在线教育吸引了互联网领域、教育领域以及相关领域人士的强烈关注。

本书内容主要是理论与实际相结合，通过认识篇、模式篇和案例篇全面解析在线教育，让您轻松读懂在线教育！

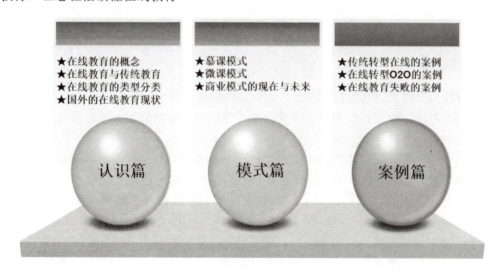

★在线教育的概念
★在线教育与传统教育
★在线教育的类型分类
★国外的在线教育现状

★慕课模式
★微课模式
★商业模式的现在与未来

★传统转型在线的案例
★在线转型O2O的案例
★在线教育失败的案例

认识篇　　模式篇　　案例篇

■ 本书特色

本书主要特色：全面的内容讲解，完整的模式介绍，丰富的案例说明。

全面的内容讲解：本书首先着眼于在线教育的概念，然后探讨深层次的相关问题。其中，在线教育的现状、在线教育与传统教育的融合等内容讲解全面、详细。

完整的模式介绍：书中完整地介绍了慕课、微课，以及在线教育商业模式的现在与未来，以实战＋理论的方式，进行了非常全面、细致的讲解，让读者深入了解，可以边学边用，并产生共鸣。

　　丰富的案例说明： 本书在实践操作上，深度解密了网易公开课、100 教育、学大教育、学而思教育、TAB 三巨头、新东方教育，以及经典失败案例梯子网等诸多影响力广泛的在线教育平台，极具实战指导意义。

■ 本书内容

　　全书共分为 17 章，具体内容包括：互联网浪潮中的在线教育；在线教育与传统教育的融合；在线教育的分类；国外在线教育的现状与启迪；在线教育模式：慕课；慕课的应用与案例；在线教育模式：微课；微课的应用与案例；在线教育商业模式探索；商业模式的未来：在线教育 O2O；网易公开课：影响力广泛的教育平台；100 教育：针对不同领域的重点发展；学大教育：打造优质学习平台；学而思教育：品质成就品牌效果；TAB 三巨头：依靠人气锐意进取；新东方在线教育：一站式学习服务平台；经典失败案例：梯子网是如何办砸的。

■ 适合人群

　　本书结构清晰，语言简洁、图表丰富，适合以下读者学习使用。

　　(1) 互联网在线教育机构的管理者。本书提供关于**平台管理、平台发展及平台类型**等方面的内容，能够更好地管理公司或机构。

　　(2) 在线教育行业的从业者。本书提供关于**在线教育行业的现状与未来**，以及**行业内的相关盈利模式**，能够更好地挖掘在线教育的就业价值。

　　(3) 对在线教育感兴趣的人士。本书提供关于**在线教育的整体状况、发展与潜力**，能够充分了解在线教育是什么。

　　(4) 希望通过在线教育这个热门领域获得第一桶金的投资者与创业者。本书提供关于**在线教育投融资的现状分析，与未来投融资的市场**，能够更好地让读者将资金用在刀刃上。

　　(5) 传统教育向教育 O2O 转型的教育机构。本书提供关于 **O2O 模式的分析，与盈利模式的具体运作，尤其是对转型过程中的问题进行详细分析**，能够更好地让传统机构转型成功，快人一步建立起完善的在线教育 O2O 模式。

　　(6) 想构建网校的教育机构或教育类企业。本书提供**教育机构的发展状况及对目前市场的分析，了解构建网校的可能性与盈利点，切入在线教育领域的角度**，能够更好地让机构在这个日新月异的时代快速反应，及时了解自身发展需求。

■ 作者信息

本书由海天电商金融研究中心编著，同时参加编写的人员还有刘益兴、谭贤、柏松、谭俊杰、徐茜、苏高、曾杰、张瑶、刘嫔、罗磊、罗林、蒋鹏、田潘、李四华、刘琴、周旭阳、袁淑敏、谭中阳、杨端阳、卢博、徐婷、余小芳、蒋珍珍、吴金蓉、陈国嘉、曾慧、向彬珊、李龙禹、徐旺等人，在此表示感谢。由于作者知识水平有限，书中难免有错误和疏漏之处，恳请广大读者批评、指正，联系邮箱：itsir@qq.com。

编　者

目　　录

认　识　篇

模　式　篇

案 例 篇

认 识 篇

认识篇

互联网浪潮中的在线教育

在线教育与传统教育的融合

在线教育的类型分类

国外在线教育现状与启迪

第1章

互联网浪潮中的在线教育

在线教育的发展壮大，已经成为一种人人可见的趋势，借助互联网的特点，在线教育将教育模式带到了新高度。

本章主要介绍了在线教育的相关基础知识，尤其对其组成因素，以及在线教育和传统教育的不同进行了深入的分析，使读者能够对在线教育行业有更深刻的理解。

互联网浪潮中的在线教育
- 在线教育的基本知识
- 在线教育的组成因素
- 在线教育与传统教育的比较

1.1 在线教育的基本知识

在教育行业， 2013 年和 2014 年是公认的中国教育的改革期，国家教育部及有关部门出台了一系列教育改革政策，这些政策的数量超过近二十年出台政策的总和，教育部一系列的举措，不仅顺应了时代潮流、满足了社会市场的需求，也是为社会各类教育机构的发展指出了明确的方向。

在国家政策的刺激下，2013 年国内的在线教育呈现出井喷的态势，其发展之迅速，几乎人人知晓。在 2012 年以前，能够被大众广泛知道的在线教育平台只有少数几个。2013 年就有越来越多的企业对在线教育表现出兴趣，并开始尝试进入这一领域。2014 年伊始，以腾讯、阿里巴巴和百度为首的 TAB 互联网巨头开始进入教育行业并迅速布局，抢占在线教育市场。其中在 2014 年的世界互联网大会上，阿里巴巴的当家人马云表示，在阿里巴巴未来十年的投资计划清单上，教育排在第一位。

有数据表明，目前获得投资的在线教育企业在 60 家以上，而 2014 年整个中国在线教育市场规模达到 998 亿元，2015 年中国在线教育市场规模将达 1192 亿元，同比增长率为 19.4%。

各类上市公司跨界进军在线教育行业的举措，使得各类传统教育及各种新兴的在线教育纷纷亮相，引爆业内人士、家长、技能需求人士和投资者的关注。互联网浪潮中的在线教育已经成为不可阻挡的新兴行业，大众都已意识到教育正在转型，未来教育的发展是教育的互联网化，只有在线教育才能让教育变得更加公平。

1.1.1 在线教育的定义

要想了解在线教育，首先需要对在线教育的定义有所认识。直观地讲，在线教育就是在互联网上学习的意思，使用电脑或手机完成上课、练习与考试等环节，具体内容如通过课件、视频实时互动问答等方式学习相关知识。

从另一角度而言，在线教育也就是远程教育或网络培训，国外统称 e-Learning(在线学习)，现在一般指基于网络的学习行为。以网络为介质的教学方式，通过网络使学员与教师即使相隔万里也可以开展教学活动。

借助网络课件的便利性，学员可以随时随地进行学习，真正打破了传统教学在时间和空间上的限制，尤其对于工作繁忙、学习时间不固定的职场人士而言，网络远程教育是最便捷的学习方式。

1.1.2　在线教育的特点

在线教育是一个非常复杂的行业，既不能简单地按互联网的常规思维去理解，也不能片面地从传统教育角度入手。在线教育的形成与两者密不可分，其特点来源于两者结合的形式。

在互联网方面的优势，被业内人士广泛引用的是"5Any"的说法。通过网络教育的模式，任何学习者(Anyone)通过计算机网络，都能够在任何时间(Anytime)、任何地点(Anywhere)去学习任何课程(Any Course)的任何章节(Any Chapter)，完全体现了随时、随地、随意的特点。

但这仅仅只是互联网方面的特点，在线教育作为一种结合体需要从整体出发，其完整的特点体现在以下 5 个方面。

1. 最大化的资源利用

各种教育资源通过网络跨越了时空的限制，使学校教育在影响范围上超出校园，能够传播向更广泛的地区，成为一种辐射式的开放教育。在学科优势和教育资源优势一定的情况下，学校等教育机构可以把最优秀的教师、最好的教学成果通过网络传播到四面八方。

2. 自主化的学习行为

网络技术应用于远程教育，网络教育的便捷、灵活也就被所有使用者所认识。这种学习模式直接地体现了主动学习的特点，用户在学习行为上充分自主化，满足了现代教育的目标和终身教育的需求。

3. 全互动的学习形式

教师与学生、学生与学生、平台与师生之间，通过网络进行全互动的交流，拉近了教师与学生的心理距离，增加了教师与学生的交流范围，使平台能够充分了解双方的需求。通过计算机对学生提问类型、人数和次数等的统计分析，使教师了解学生在学习中遇到的疑点、难点和问题，全方位地把握学生的整体学习状态，从而有针对性地进行辅导。

4. 个性化的教学形式

在线教育中，系统对每个网络学员的个性资料、学习过程和阶段情况等都可以实现完整的系统跟踪记录。与此同时，完善的教学服务系统可根据系统记录的个人资料，针对不同学员提出个性化的学习建议，可以说网络教育为个性化教学提供了现实有效的实现途径。

5. 网络化的教学管理

计算机网络的教学管理平台具有自动管理和互动处理功能，在实际的网络化教学管理中，如学生的咨询、报名、交费、选课、查询、学籍管理、证书、作业与考试管理等，都可以通过网络的远程交互方式来完成，达到绝对的便利性与自动性。

1.1.3 在线教育的改变

在线教育是利用发达的网络技术进行的知识传播，用传统的思维模式理解在线教育是错误的。它不是教育行业在互联网上的一个简单应用，更不是以前我们所理解的要承载多少意义实现多少价值的教育。从功能性上而言，它弱化了教育原本的全面深入功能，强化了知识拥有者向更广泛的大众进行知识推广与能力普及的功能。

在线教育在国内出现的时间已有十余年，但是新一轮在线教育的兴起却只是近两年的事情。其兴起的驱动力，在本质上来源于三个改变的需求，具体内容如下。

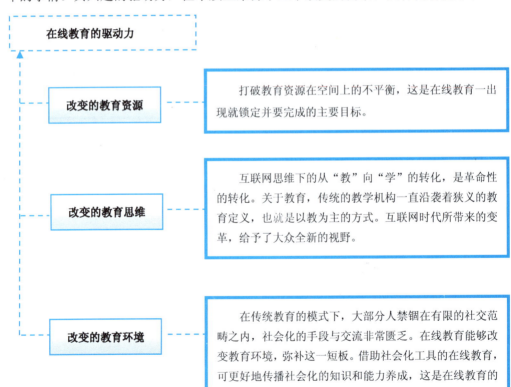

在线教育的改变带动了教学产品与教学模式的改变，将会更加快速地推动学习方式从被动转向主动、互动。自由学习、移动学习、个性化学习在未来将会大行其道。

1.1.4　在线教育的价值

在未来成熟的在线教育体系中，在线教育的价值将会更加明显，具体体现在以下7个方面。

尽管在线教育不可能完全替代传统教育的地位，但是在线教育的独特价值绝对会把教育推向此前数千年间所不能企及的高度。

在线教育，不只是教育领域分化出的一个行业，而是一种教育思维方式和未来主流的教育运营模式，它是所有学校与教育培训机构体现其价值的机会，也是所有人提升自我价值的机会。

1.2 在线教育的组成因素

在线教育是一个"内容为王"的行业，其中的课程资源决定了一个平台能否获得大众的认可，并在一定条件下最终盈利。同时以技术服务为代表的工具软件，以及在线教学平台提供的服务等，也构成了在线教育的一部分。

除了互联网的独特条件是在线教育的组成因素外，传统教育模式中的教学者(教师)与求学者(学员)同样是不可缺少的两个方面。但是因为互联网环境的影响，教学者与求学者都不再只是传统意义上的范畴。

由上所述，笔者认为在线教育模式的完整组成因素，应当不只是笼统概念下的教师、学生、平台和内容 4 个方面，而是以下更加细化的 4 个部分。

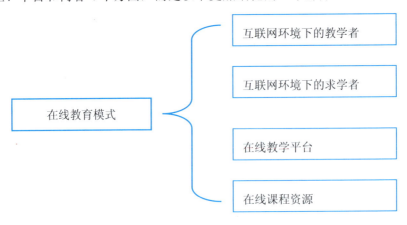

1.2.1 互联网环境下的教学者

作为传播知识的教学者，在线教育对教师而言不仅仅只是让其更换一下教学方式那么简单，教师在互联网教学环境中出现的问题主要集中在以下 3 个方面。

教师对于在线教育的认可问题

即使在线教育发展迅速，但是对于教师而言，一直以来所习惯的都是基于教室环境的教学，虽然积累了丰富的教学经验，但由于经验的获得来源于传统的课堂教学，所以从教学思想和观念上来说，适应网络教学环境是需要时间的。

有部分教师会认为录制的课最终将取代老师，一次录课终生使用的方式将缩减教师的数量。但从实际应用来看，可汗学院和邢帅学院非但没有取代教师，反而是通过互联网打造了名师。

教师对教学模式的适应性问题

传统教育中教师一般面对的是生龙活虎的学生，这是活生生的存在。但是与传统教学最大的不同在于在线教育需要老师适应在摄像机前讲课的方式，整个讲课过程或许就是对着摄像机自言自语。

这种情况下，教师很可能失去讲课的兴奋状态，变得兴味索然。为了消除初步接触在线教育的教师遇到的这种问题，现在有的课程录制采用的是现场授课的录制方式，通过营造教室氛围缓解老师的心理压力。经过一段时间的适应之后，教师就会对网络授课模式进行认可，从而开始更全面的网络教学。

教师对数字化教学的运用问题

在传统教学中，绝大多数教师已经能够熟练地运用 PowerPoint(PPT)等软件制作课件，演示讲义。但是对于在线教育而言，数字化教学的要求并不仅仅只是简单地使用一下 PPT 而已，数字化素材是一个更加广泛的概念，包括声音、图片和视频等多个方面内容。

在对于数字化教学素材的使用上，绝大多数老师不可避免地欠缺足够的技能。同时题库资源的建设也是教师缺乏这方面经验的一个体现，建立题库资源是网络教学的特色之一，但大部分教师并没有对此引起重视，而是简单地采用 Word 形式进行试题和试卷的编写。

在这些问题之下，教师要想更好地完成在线教学，就应当具备相应的在线教学技能。这种教学技能并不是传统教学中的知识传播手段或者技巧，而是与网络紧密相连的引申技能。

以学生为中心的教学方式

在传统的教学模式下，国内的教育往往是以教师为中心的，教师处于整个知识传播过程中的绝对主导位置。但是在在线教育中，"以学生为中心"不是一句空谈。无论是教学的时间与空间，还是知识的传播手段，教师的作用不再仅是传授者，更是学习伙伴，帮助学生获得更好的学习体验。

优秀授课技能的不可或缺

在线教育擅于提升优质师资资源的稳固性，通过数字技术将优秀的课程完整保留下来，形成优质资源。在这个过程中，教师的优秀授课技能不可或缺，所以将传统教育中的教学手段根据实际情况放到在线教育授课中去，也是很有必要的。在互联网时代，教师的基本要求并没有改变，依旧是传道、授业、解惑，并通过一定的技能激发学生的学习兴趣。

信息技术技能的熟练使用

　　针对教师在数字化教学中的运用问题，教师若想为学生提供更加优质的教学体验，那么具备良好的信息技术技能是最基本的要求。

　　首先是教师了解并掌握一定的网络教育教学资源，博采众长，使其能有效地为自身教学水平添砖加瓦；其次是对常用软件的了解，如音频、视频、图片与表格等资源的熟练使用。

1.2.2　互联网环境下的学员

　　在线教育是一个成一定体系的信息传播系统，信息的接收者(即学员)是整个系统中重要的组成部分。在实际的在线教育中，影响学员学习效果的因素主要包括以下 6 个方面。

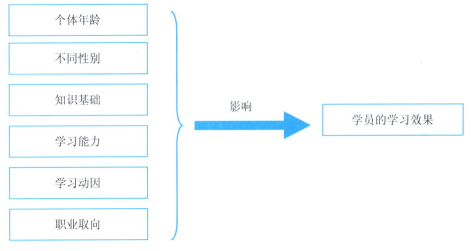

1. 个体年龄

　　在线教育的分类中，年龄是最主要的考虑因素，因为不同年龄的学员对于在线教育的行为存在巨大的影响。目前在线学习主要是基于单独个体的学习行为，年龄差异意味着不同的心理成熟度和对抗外在干扰刺激的能力是不同的。

　　简单地说，年龄小的学员在自主学习方面的自制力较差，年龄大的学员的在线学习坚持性较好。

　　对于不同年龄的学生，相应的教育产品要符合其年龄，并根据群体的心理年龄进行差异化的处理。比如开发的学前教育的产品，整个产品的设计方面都要符合这个年龄阶段孩子的接受能力。比如采用鲜艳的色彩、卡通化的模式、简单的操作界面、明确的语音提示、精彩的动画设计等，以便充分地吸引儿童的注意力和兴趣。以中国幼儿教育在线网提供的平台教学服务为例，其绘本馆和动画放映厅如图 1-1 所示。

图 1-1　幼儿教育阶段的产品设计展示

2. 不同性别

在传统的教学中，性别对学习的影响十分明显，尤其是在高中阶段。一般认为，女生的言语能力优于男生，也就是说女生在阅读、词汇等语言相关的方面测试平均得分优于男生；男生在空间视觉能力、数学测试上的平均得分优于女生。

那么，互联网时代的在线教育对不同性别的学习有哪些影响呢？根据相关学者的研究，性别对在线学习的影响，主要体现在以下 3 个方面。

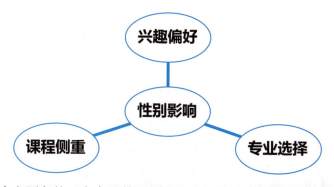

除了这 3 个方面之外，在实际的网络学习中，并没有出现特别明显的性别差异。同时因为网络教育不以一对一的模式为主，所以也很难在实际的课程教学中发现性别差异。

整体来说，对于在线教育的模式而言，学员的性别因素对学习的影响并没有在传统教学中的影响那么明显。

3. 知识基础

在传统教学中，一个班级会存在优等生和差生。在网络时代的在线教育中，这个问题同样存在，并且影响广泛。

学员原本的知识与技能情况是影响学员能否在网络环境下坚持学习的一项重要指标。因为学习的挫败感不仅出现在传统教学中，对于在线教育而言其出现更为重要。

传统教学中即使学习产生了一定的挫败感，也不至于导致学习者完全放弃学习，但是对于在线教育而言，如果挫败感达到一定的程度，有的甚至在最开始的接触中无法达到自己的预期效果，就很有可能放弃这门课程。

在知识教育领域，一般认为纯粹的在线教育不能直接面向基础知识存在严重缺陷的学员，或者是坚持程度有限的学员，比如幼儿，一般需要线上与线下结合的教学模式，甚至直接采用网络在线一对一辅导的教学模式。

4. 学习能力

与传统教育的强约束力不同，在线教育的约束力相当有限，在广泛意义上可以归纳为一种纯自学的模式，所以个体的自主学习能力十分重要。

需要注意的是，自学能力与年龄没有直接的关系。有关小学生写作业是否需要督促的统计报告表明，各年级的数据大致一样。如果以成人群体为研究对象，那么在实际的自学情况中，也存在相当多的自学能力较差的个体。

以某大学的一门文学在线课程为例，其课堂讨论区的回复数量从第一周的 632 条降到第八周的 173 条，可以清楚地看到一直坚持学习的用户数量，如图 1-2 所示。

图 1-2　在线课程中的回复数量变化

5. 学习动因

传统的学习中同样有对学习动因的探讨，"为什么而学习"始终是学员的个人问题。"为中华之崛起而读书"就是一种学习动因，但这种学习动因是受环境影响和个人志向影响的一种独特动因。每个人都有不同的学习动因，但是整体而言，学习动因分为两大类，分别是内在动因和外在动因。

不同的动因产生的动机不同，表现形式也不同，最终达到的效果也不同，具体内容如下。

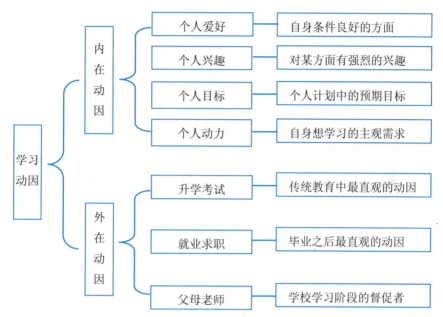

很显然，内在动因对于促进学员个人的坚持性和持久性都是相当有利的，但在传统教育中主导学习动因的还是外在动因，多方面的因素构成了迫使学员学习的结果。即使是在线教育，外在动因依旧是教育存在和发展的基石和主体，而发展最快速的在线教育领域也是以 K12(指从幼儿园到高中毕业的基础教育阶段)为主的中小学教育领域。

与传统教育不同的在于，在线教育的重心虽然也侧重于 K12 领域，但是对基于内在动因的兴趣教学市场也十分看重。以 TBA(是指腾讯、阿里巴巴、百度三大互联网巨头，本书用其名称的拼音首字母表示，下文有多处)为首的电商行业巨头进入在线教育界之后就将重心放在细分市场中。可以说，随着互联网的发展，未来的教育市场将出现兴趣细分领域地位的不断提升。

6. 职业取向

职业取向对学员的影响主要体现在所学课程是否有利于个人未来的职业发展。现代社会的节奏越来越快，不能产生实际效果的课程一般很难吸引学员一直使用下去。

尤其是与职业培训相关的课程，如果不能直观地增加工资或提升个人资历，那么学员的学习效果肯定会受到影响。由此很可能导致用户在不停地选课而没有学习效果，进而使用户对在线教育的模式失去信心。

这也是为什么现在的在线教育平台，会尽可能地给合格的学员提供电子文凭或者纸质文凭，使学员在职业发展或求职等方面获得比没有学习的人更全面的优势，从而吸引学员长期学习，形成品牌效应。

1.2.3 在线教育平台

在线教育平台包含的内容相当广泛，下面就平台的各个方面分别加以说明。

1. 在线教育平台的理论定义

在线教育平台的实质是面向全国的资源共享、零距离信息沟通的一种全新交流方式，属于新型的教育、学习与工具平台。

广义的在线教育平台包括支持网络教学的硬件设施和软件系统。狭义的在线教育平台是指建立在互联网的基础之上，为网络教学模式提供全面服务的软件系统的总称。

一个完整的在线教育平台应该由以下 3 个系统组成。

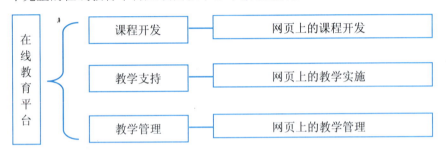

从宏观角度而言，一个国家或地区的远程教育平台的发展状况很大程度上反映了其远程教育的发展水平。

2. 在线教育平台的实际作用

在线教育平台是一个相当复杂的系统，一般情况下开发成本可达上百万元，主要原因在于学习管理的数据和技术要求都比较复杂。

在线教育平台的实际作用分为两部分，首先是其平台提供给使用者的操作系统。作为一个技术平台，在线教育平台的功能如下。

在不同的在线教学平台中，各功能会存在一定的差异，但是整体而言，大致相同。除了提供平台本身的功能之外，在线教学平台的另一个作用是作为一个联系师生，并提供更多选择给使用者的网站。

对于使用者而言，在线教学平台提供了以下 3 个方面的支持。

第一，节省时间和金钱。在同样的授课质量下，在线教学的性价比更高。

第二，使在线教育不受地域和空间制约的情况成为现实。

第三，在线教育可选择不同的平台，在同一平台也可选择不同的课程与老师。

3. 在线教育平台的不同分类

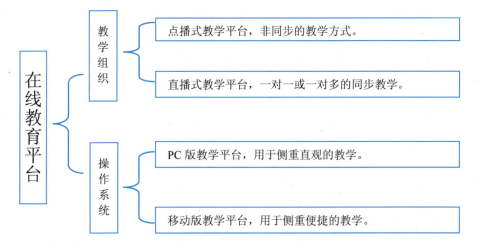

在线教育平台

教学组织
- 点播式教学平台，非同步的教学方式。
- 直播式教学平台，一对一或一对多的同步教学。

操作系统
- PC 版教学平台，用于侧重直观的教学。
- 移动版教学平台，用于侧重便捷的教学。

4. 在线教育平台的主要特点

功能满足性

在线教育平台与传统教学是密不可分的，所以在实际的功能和作用上，最明显的体现就是覆盖了在线教学的主要需求，从学习到考试一应俱全，但对于学位证书等暂时未全面支持。

数据互通性

数据互通一般是指教学系列与其他信息系统之间的交换，比如使用统一的用户登录验证、学习记录及信息接口等。目前国内的在线教育行业发展较为混乱，数据互通性主要针对企业机构。

操作简易性

平台为了尽可能地获得用户的支持，在操作的简洁性上要求较高，在设计网站时就要考虑人机操作的规定。

5. 在线教育平台的功能系统

一个在线教育平台是相当复杂的，整个功能系统由诸多的子系统组成，而每一个子系统提供的又是相对独立的产品。

一般认为，在线教育平台在功能系统结构上主要包括 6 个方面，分别是学习网站页面、内容管理子系统、学习管理子系统、考试管理子系统、用户管理子系统、运营管理子系统。

学习网站页面：用户在 PC 端或移动端输入网址之后进入的学习内容导航网站，一般就是在线教育平台的主界面。

内容管理子系统：具备课程资源的产生和管理功能，是整个在线教学平台最重要，也最为复杂的子系统。

学习管理子系统：分为两部分，首先是呈现学习资源，其次是记录相关信息，比如学习进度、提问、回答等。

考试管理子系统：提供与考试相关的内容功能，比如试题录入、试卷管理、考试管理和成绩管理等多个方面。

用户管理子系统：记录用户信息并进行管理的网站系统，可用于增加、删除、修改、禁用等与用户相关的处理，也可启用用户组织结构、角色信息等。

运营管理子系统：大部分在线教育平台都有收费设置，在运营管理方面主要提供查看用户数量及相关信息、账户充值、计费与余额查询等功能。

1.2.4 在线课程资源

对在线课程资源的认识可以课程资源的定义、课程资源的类别和课程资源的格式

3 个方面来入手。

1. 课程资源的定义

传统教学中的课程资源是指课程要素来源以及实施课程的必要而直接的条件，并且课程资源的结构主要分为校内课程资源和校外课程资源两部分。

校内课程资源，除了教科书以外，还有教师、学生等与个人相关的信息，学校本身也是课程资源。校外课程资源，主要包括校外的图书馆、科技馆、博物馆、乡土资源、家庭资源等多个方面。

在线课程资源在资源范围上相对较小。目前认为在线课程资源是在线教育的客体，主要指各种数字化的内容资源，比如在教学过程中需要使用的视频课件、音频文件、文本、网页、PPT 课件、试题资源库等。

在线教学平台能否成功，与课程资源是否丰富有着直接关系，所以在平台构建的教学成本中，课程资源占据了非常重要的比重，一般是整个项目支出的一半(剩下的一半支出用于平台的开发及运营推广成本)。

2. 课程资源的类别

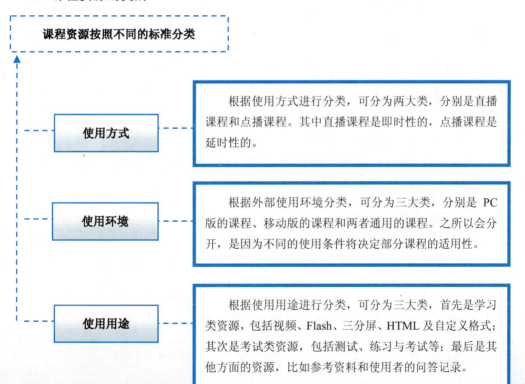

课程资源按照不同的标准分类

使用方式　　根据使用方式进行分类，可分为两大类，分别是直播课程和点播课程。其中直播课程是即时性的，点播课程是延时性的。

使用环境　　根据外部使用环境分类，可分为三大类，分别是 PC 版的课程、移动版的课程和两者通用的课程。之所以会分开，是因为不同的使用条件将决定部分课程的适用性。

使用用途　　根据使用用途进行分类，可分为三大类，首先是学习类资源，包括视频、Flash、三分屏、HTML 及自定义格式；其次是考试类资源，包括测试、练习与考试等；最后是其他方面的资源，比如参考资料和使用者的问答记录。

3. 课程资源的格式

按照数据格式的类型，目前的在线教育课程资源可分为以下 7 个类别。

	三分屏类			
动画类			高清类	
	HTML5 类			
试题库			特殊类	
	自定义类			

动画类：动画类课程能够更加生动形象地表现内容，所以其开发成本极高，每小时的成本在 5 万元以上，而且一门课程的设计需要项目经理、教学设计、美工、动画制作、软件工程师等多个角色参与。

三分屏类：把教师视频与 PPT 或其他电子文档课件一并摄制下来，通过浏览器进行播放。生成的课件包括 3 个部分：教师的视频、讲课的内容、课程的纲要，所以称之为"三分屏课程"。

高清类：视频课程是目前使用最广泛的课程形式，教学效果较好，但从课程录制条件而言，要求较高，主要要有专用的摄录室、传输速度较快的宽带设施，以及高配置的视频服务器。

HTML5 类：这种课程与高清类课程相比，其特点是以网页的形式进行显示，所需宽带的传输速度较低，同时适合在移动终端显示。因为信息传送的有限，其显示主要以文本和图片为主，交互感有限。

试题库：试题库是按照不同的学科门类及其内在联系，将不同的试题分门别类地汇集起来，为特定学科知识和技能测试提供备选试题的一种系统资源，具有录入存储试题、查询、智能组卷、分析反馈等功能。

自定义类：平台根据实际情况，在通用的课程格式无法满足学员需求时，将进行自定义的课程，一般使用专用的播放器，多应用于英语学习领域。

特殊类：随着科学技术的发展，现在已经出现了虚拟现实和模拟操作等超前的学习方式，这类课程采用的显示格式是 VRML 等特殊格式。

1.3 在线教育与传统教育的比较

在线教育作为一种新兴的教育模式，主要以网络为载体，改变了传统教育教师主宰课堂的局面，使得学生成了学习的主体。

目前，主流的教育仍然采用传统大课堂讲课、教师手工批改作业、手工统计分数等方式。与此形成鲜明对比的是，各创业团队和资本纷纷进入在线教育领域，并不断渗透在线教学的各个方面。

虽然在线教育发展迅速，但其教学模式及商业模式仍然处在摸索之中，互联网、大数据、智能等现代化科技对教学方式的改造仍然滞后、有限。要想促进在线教育的发展，首先需要对在线教育和传统教育的不同进行全面、深入的比较和分析。

1.3.1 教育对象

传统教育和在线教育在教育对象上的区别，具体内容如下。

传统教育

传统教育中的教育对象具有大致相同的年龄和知识程度，并且以充满朝气的青少年为主，在教育对象整体较为单一，存在的问题也较具范围性。

在线教育

在线教育的学习者在年龄和知识层次上会有很大的差异，因为在线教育面向的对象是整个社会的成员而非某个年龄阶段的人群。

在线教育的对象具有大众化的特点，它以其丰富灵活的教学方式，完全开放的教育模式为不同年龄、不同性别、不同职业、不同身份、不同地区的人，提供相对平等的参与学习的机会和条件。这种方式能够使他们跨越社会、家庭、经济、时间、空间、生理等多方面障碍，获得个人所需的学习资源。

可以说，教育对象的多样性和广泛性是在线教育与传统教育的重要区别。

整体来说，在教育对象方面，在线教育是传统教育的扩展，在传统教育对象的基础上，它有着更为广泛的受众群体。

19

1.3.2 教育目的

传统教育和在线教育的教育目的不同，具体内容如下。

传统教育

在传统的教育理念中，学生在教师规定的学习时间内完成教学计划规定的学习任务，考试合格后获得相应的学历证书，这种方式是通过升学毕业的导向来启动教育机制的。

传统教育的实质是"应试教育"，在一定程度上它主张以追求考试和高分为目的，把学生的考试成绩作为评价教育质量的根本标准，也就是说教育的核心内容是以考试为检测手段，以分数高低来衡量学生。

传统教育以学历教育为主，通过选拔与淘汰的考试制度来培养人才，这种教育模式对整体学生而言不能算是完全公平的，因为有大批学生被考试成绩排斥在升学之外。

在线教育

在线教育除了学历教育模式外，更多的是继续教育、职业培训和终身学习。学员接受在线教育的主要目的是通过这种方便、快捷的学习方式来获取新的知识。

与之前的学习相比，学员所关注的是学习效果，学到的内容能快速地应用于生产需求，学习内容紧密联系实际。

以互联网为依托，在线教育形成覆盖全国城乡的开放教育系统，将学历教育、继续教育、职业教育、成人教育和高等教育融为一体，为学员提供多个层次受教育的机会，为各类社会成员提供多样化的教育服务。

整体来说，在教育目的方面，在线教育不能替代传统教育所追求的学历教育，因为目前在线教育的影响力还不被全社会所公认。但是除了学历教育，在线教育在更为广阔的其他方面有所突破，这是传统教育所无法做到的。

1.3.3 教育方式

传统教育和在线教育的教育方式不同，具体内容如下。

传统教育

传统教育的教育方式比较简单明了，一般情况下由教师来评价学生的学习状况，教师在整个学习过程中处于不可动摇的主导地位。所以说传统教育以教师为中心。

在线教育

在线教育在教育方式上最重要的影响就是提出了"翻转课堂"的教育模式，即重新调整课堂内外的时间，将学习的决定权从教师转移给学生。

在这种模式中，教师不再占用课堂时间来讲授信息，这些信息需要学生在课后自主学习。他们可以看视频讲座、阅读电子书，也可以在网络上与其他的同学进行讨论，能在任何时候任何地点去互联网上查阅需要的材料。

教师有更多的空余时间与每个学员进行交流。在课后，学员自主规划学习内容、学习节奏、风格和呈现知识的方式；教师的作用，则是采用不同方法来满足学员的需求和促成他们的个性化学习，最终目标是让学员通过实践获得更真实的学习。

整体来说，在教育方式上，在线教育是完全摈弃传统教育的。互联网尤其是移动互联网催生的这种"翻转课堂"的教学模式，是对基于印刷术的传统课堂教学结构与教学流程的彻底颠覆，由此引发教师角色、课程模式、管理模式等一系列的相应变革。

1.3.4 教育创新

传统教育和在线教育在教育创新方面有所不同，具体内容如下。

传统教育

在传统教育中，知识的陈旧性被公认为是教育的一个弊端，一个大学生刚出校门就有 60%到 70%的知识不适合社会的发展。

这种被培养出来的"专业对口"的专门人才事实上在进入社会后被迫转行的情况相当严重，主要因为专业设置口径狭窄，课程结构固定死板，教学内容不能及时更新，培养的学生实际上虽然理论知识扎实，但实际运用能力较差。

传统教育的创新主要是以行业为主，在行业内的信息或方式创新并不是单个学生的个人学习内容或模式的创新，所以这种创新的影响力极其有限，依旧是为了培养专业对口的人才。

在线教育

在线教育与传统教育相比，培养的并不是纯粹专业对口的人才，而是一种全新适合互联网时代的信息化人才。

在线教育着手培养具有高度创新能力和很强信息能力的新型人才。在实际的教育中，在线教育依据计算机技术提供的现代化教育手段，突破了传统教育的种种限制和约束，扩大了信息的及时性和知识传播的区域，增加了信息与知识呈现的种类和手段，为学员创造性思维的发展和创新能力的孕育提供了肥沃的土壤。

在线教育不强调直接灌输给学员大量的知识，而是着重指导和帮助学员去掌握学习方法，使学员具有自我获取知识与更新知识，并灵活运用的能力，使死的知识变成活的智慧。整个教育模式在培养人才方面追求灵活多样，不受时空和场地的局限。

整体来说，在教育创新方面，在线教育与传统教育是"面"与"点"的关系，传统教育着重于行业的创新，而在线教育着重于学员个人的创新，其中也包括在行业层次上的创新，比如行业内人士可以选择与自己行业相关的诸多课程进行深入学习。

在线教育为培养创造型人才提供最直接的手段，能为所有人提供不同层次、不同结果、不同形式的学习机会，能满足不同需求、不同目的、不同情况学员的学习要求。

在未来的发展中，在线教育的创新模式会成为一种主流，因为从教育的根本意义上而言，在线教育在创新这方面走在了传统教育的前面。

1.3.5　教育资源

传统教育和在线教育的教育资源不同，具体内容如下。

传统教育

　　传统的教育行业有一个很大的问题，即师资力量分布不均衡，受地域、经济等方面的制约。同时在传统教育中教师授课薪资和场地租金等经营成本，在传统培训业中往往占一半，这加重了师资力量的分散。

在线教育

　　互联网的优势在于方便快捷，不受地域限制，传统教育中存在的那些问题，对于互联网而言是比较容易解决的。

　　跟传统教育培训机构相比，在线教育能轻易地跨越地域限制这一障碍，把北京、上海、武汉等高校密集地区的优质教学资源扩展到全国。与此同时，在线教育甚至可以将国外的教育资源充分整合到国内，以最快的速度让学习者了解国外的学习动态。

　　以美国的可汗学院为例，一个在可汗学院上公开展示的慕课课程，有可能在仅仅一天之后就会出现在国内学习者的眼前，甚至还是汉语翻译版本。

　　传统教育的课程资源，主要来源于校内校外的相关方面，而在线教育的课程资源，不夸张地说，是整个世界的知识。

　　整体来说，在教育资源容量方面，传统教育的资源相当有限，而在线教育的资源极其广泛。**选择更好的教师资源，选择更好的学习资源，这都是在线教育能够提供给学员的最直接的学习优势。**

1.3.6　教育环境

传统教育和在线教育的教育环境不同，具体内容如下。

传统教育

　　在传统教育中，学生都是在固定的教室学习。在整个学习过程中，教师要求学生按时上学，按时上课，不准迟到早退，不准开小差。

　　在一个班级中，学生的学习层次良莠不齐，成绩差异明显。教师更多的时候是针对大部分人的学习水平去讲课，对于成绩特别好或者特别差的学生而言，这种学习模式显然是效率不高的。所以在传统教育中，一个学生想要获得成绩上的进步，主要依靠个人的努力，教师能够提供的帮助有限。

在线教育

随着移动互联网的迅速发展，学员在任何时间和地方都可以开始上课，并且是想学就学，随开随学，哪怕是在等公交车的几分钟里，也可以完成一个知识点的学习，这种碎片化学习模式十分明显。

同时在在线教育中，所有传统教育里对学生的约束几乎都消失了，对个人而言没有任何成本，这是一个完全开放和自由的空间。对于学员学习成绩的提升问题，在线教育利用数据分析，进行个性化的指导，推送针对性的习题和课程，让学员快速有效地提高成绩。这是传统教育能做到，但是不能做得这么好的一个方面。

整体来说，在教育环境方面，在线教育与传统教育是完全不同的，在线教育提供的环境更适合学员的成长，但是并不能完全替代传统教育的作用。因为在传统教育中，老师的职责不仅仅只是传授知识，还有重要的一个方面是督促和指导学生成长，这是在线教育的弱点。

1.3.7 师生体验

传统教育和在线教育的师生体验不同，具体内容如下。

传统教育

传统教育主张以教师为中心，所以一直以来教师的地位比较崇高。虽然在学习的过程中教师与学生紧密联系，但是从对学生个人而言，与教师的关系并不会太过特别，主要还是"教"与"学"的关系。

在线教育

在在线教育中，师生处于一种更加分离的状态，这种状态与传统教育相比更加宽松。

在教学过程中教师经过精心的教学设计，把学习内容制作成利于学员自主学习的教学课件，学生根据自己的个人需求，去自主选择学习内容、学习形式，自主安排学习时间、学习进度。在整个学习过程中，与老师的关系主要在于学习之后的内容，比如作业、答疑等多种对话形式和多种交互反馈机制。

从师生关系看，在线教育使教师变成了学员学习的指导者和帮助者，将原本教师身份的意义有所降低，主要是以学员为中心，使学员变成学习的主体。

整体来说，在师生体验方面，在线教育与传统教育的侧重点不同。两者都有存在的必要性，不可互相取代，最好的方式就是两者结合，所以说在线教育 O2O 模式是未来融合的趋势所在。

1.3.8　两者关系

在线教育是对传统教育的补充而非颠覆，这种互补必将导致二者的融合。

1. 补充而非颠覆

在互联网技术发展迅速的现在，在线教育尽管势头强劲，但教育行业的业内人士始终认为在线教育是不可能替代传统教育的。

在线教育对传统教育并不是一种取代，而是一种互联网时代对传统教育模式的补充，因为它无法颠覆传统教育的作用。在线教育属于互联网的新兴产业，但是它必须回归到传统教育，只有开发出拥有传统教育精髓的产品，才能在在线教育市场上赢得未来。在线教育的核心竞争力始终不是外在表现的模式，而是高质量的教学产品，也就是说在线教育的根基只能是传统教育。

在实际的在线教育行业中，以 TAB 为首的互联网电商巨头进入行业之后，所做的主要是为传统的教育机构提供在线平台，与传统教育品牌的关系更多是合作与融合，而不是替代。

《中国在线教育调查报告》的调查数据显示，在中小学在线教育领域中使用率居前两位的分别是学而思网校与新东方网校，而这两个品牌都是实力强悍的传统教育公司。对于互联网公司而言，优秀的教学质量是其所不具备的优势，只有师资优秀的传统教育公司才能够提供高质量的教学产品。

2. 互补必将融合

在线教育具备一些传统教育不可比拟的优势，把传统教育环境中学员的被动接受模式彻底地改变了。

随着科学技术的不断进步和科技产品的进一步普及，在线教育与传统教育的互补必将导致未来两者的融合，也就是在线教育 O2O 时代的全面到来。

未来的教育是线上模式、线下模式的大融合，不单独存在互联网教育和非互联网教育之分。它们的最终目的只有一个，那就是为教育提供更好的解决方案。

O2O 的模式克服了传统教育的时空局限，不仅可以提高授课方式的灵活性，还可以针对不同层次的学员开设不同的个性化课程，真正实现传统教育一直提倡的因材施教理念。所以说，未来教育发展的动力必定来源于在线教育 O2O。

第 2 章

在线教育的发展与传统教育的转型

在线教育的出现已经很久了，但是国内外在线教育的发展才是近几年的事情，随着互联网条件的完善和成熟，在线教育目前迎来了快速发展期。

本章首先对在线教育的整个发展过程进行认识，并对其未来的可能发展，在实际数据的基础上进行了分析。其次对传统教育的转型进行了分析，重点解决教育机构转型中存在的问题。

```
                                    ┌─────────────────────────────┐
                                    │      在线教育的过去          │
                                    └─────────────────────────────┘
                                    ┌─────────────────────────────┐
                                    │      在线教育的现状          │
                                    └─────────────────────────────┘
在线教育的发                        ┌─────────────────────────────┐
展与传统教育  ──────────────────────│      在线教育的困境          │
的转型                              └─────────────────────────────┘
                                    ┌─────────────────────────────┐
                                    │      在线教育的未来          │
                                    └─────────────────────────────┘
                                    ┌─────────────────────────────┐
                                    │  传统教育转型在线教育的问题  │
                                    └─────────────────────────────┘
```

2.1 在线教育的过去

没有什么事物是直接出现的，在线教育的出现，同样经历过一段时间的发展。

在线教育离不开网络与网络之间的串连成。这些网络以一组通用的协议相连，形成逻辑上单一的巨大国际网络。互联网出现于 1969 年的美国，而应用于教育行业的大概是 20 世纪 80 年代的事情。

在线教育的前期发展时间较长，快速发展只是这几年的事情。主要是因为随着信息技术的迅速发展，特别是从传统互联网到移动互联网，在形式上变得更为简洁，从而创造了之前从未有过的生活、工作和学习的方式，使学员的知识获取方式发生了根本变化。

2.1.1 在线教育的出现

近几年在线教育浪潮的出现与可汗学院的建立有关。2007 年一位名为萨尔曼·可汗的孟加拉裔美国人在美国创办了可汗学院，这是一家教育性非营利的组织，主旨在于利用网络影片进行免费授课，可汗学院通过在线图书馆收藏了 3500 多部可汗老师的教学视频，向世界各地的人们提供免费的高品质教育。

该项目由萨尔曼·可汗给亲戚的孩子讲授的在线视频课程开始，迅速向周围蔓延，并从家庭走进了学校，这被认为是整个在线教育发展浪潮的领头者，因为这种教育模式被认为是未来教育的曙光。

可汗打造了一个人一台电脑便招揽上千万学生的"教育神话"，目前全球有 5600 万中小学生观看他的教学视频，每月 600 万学生登录其网站。国内接触的可汗学院课程主要通过网易公开课平台。可汗学院课程作为平台的一部分被免费提供给学习者，如图 2-1 所示。

图 2-1 可汗学院的部分内容

2013 年《时代周刊》评出了 2012 年影响世界的 100 位人，其中萨尔曼·可汗位列第四，他被公认为全球教师界的超级巨星。2013 年可汗学院的课程被美国 20 多所公立学校采用，并开始传播到世界各地。

在中国，2010 年在线教育市场份额达到了 541 亿元，才算迎来互联网教育市场的增长拐点。各种网络教育机构真正地实现了完善化，越来越多的人们开始接触并喜欢这一新型教育模式。

随着国内互联网带宽的提升，包括教学视频、教学游戏在内的多媒体互动技术的发展，使在线教育内容以更加多样化的形式呈现给用户，极大地增强了线上的教育体验。在这种外部条件的促进下，在线教育的发展正迎来春天。

2.1.2 在线教育的发展

国内在线教育的发展可分为四个阶段，前期以 20 世纪 90 年代末为节点，后期以 2010 年为节点，具体的发展内容如下所示。

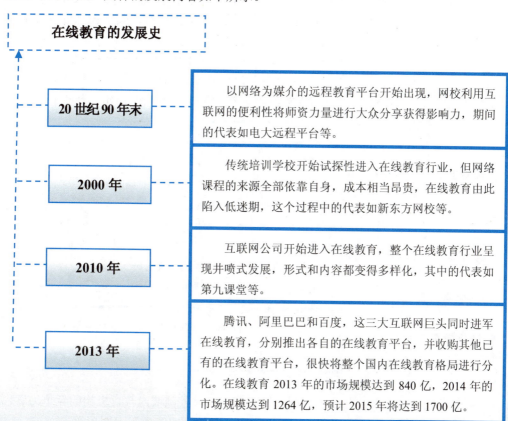

在线教育的发展史

20 世纪 90 年末
以网络为媒介的远程教育平台开始出现，网校利用互联网的便利性将师资力量进行大众分享获得影响力，期间的代表如电大远程平台等。

2000 年
传统培训学校开始试探性进入在线教育行业，但网络课程的来源全部依靠自身，成本相当昂贵，在线教育由此陷入低迷期，这个过程中的代表如新东方网校等。

2010 年
互联网公司开始进入在线教育，整个在线教育行业呈现井喷式发展，形式和内容都变得多样化，其中的代表如第九课堂等。

2013 年
腾讯、阿里巴巴和百度，这三大互联网巨头同时进军在线教育，分别推出各自的在线教育平台，并收购其他已有的在线教育平台，很快将整个国内在线教育格局进行分化。在线教育 2013 年的市场规模达到 840 亿，2014 年的市场规模到 1264 亿，预计 2015 年将达到 1700 亿。

从 2013 年开始，从事在线教育的企业和机构数量急剧增加，根据互联网教育研究院的统计分析，2014 年中国在线教育从业企业数量大约有 2500 家，同时进入在线教育行业的资金有 160 亿元，其中风险投资近 50 亿元。

2.2   在线教育的现状

目前，绝大部分的在线教育项目仍然处于投入阶段，只有少部分开始盈利，其主要原因在于在线教育的盈利模式不明朗。但风险投资者看好在线教育的未来发展趋势，所以大部分在线教育机构的融资不成问题，其中估值上亿的企业已有相当多的数量。

2.2.1   在线教育重点发展的领域

国内在线教育企业从事的领域主要有学前教育、中小学教育、职业教育、高等教育、企业培训、语言学习、综合领域、出国留学、服务提供等。其中在行业内影响广泛，被视为重点发展的领域有 4 个。

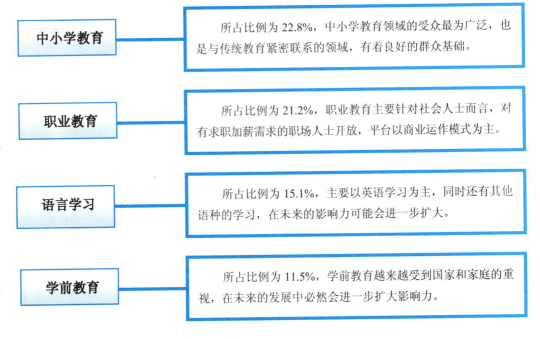

中小学教育   所占比例为 22.8%，中小学教育领域的受众最为广泛，也是与传统教育紧密联系的领域，有着良好的群众基础。

职业教育   所占比例为 21.2%，职业教育主要针对社会人士而言，对有求职加薪需求的职场人士开放，平台以商业运作模式为主。

语言学习   所占比例为 15.1%，主要以英语学习为主，同时还有其他语种的学习，在未来的影响力可能会进一步扩大。

学前教育   所占比例为 11.5%，学前教育越来越受到国家和家庭的重视，在未来的发展中必然会进一步扩大影响力。

这 4 个领域在未来的发展局势都比较明朗，同时各领域内教育机构的竞争力度也很大，部分机构已经处于绝对优势，比如语言学习领域内的新东方网校等。

2.2.2 在线教育业务类型的分布

在线教育是一个"以内容为王"的行业，没有内容就没有发展前景，同时技术上的服务也不可缺少。**目前四分之三的企业主要做平台内容，如课程等，剩下的企业主要做技术。**国内在线教育企业业务的类型分布主要有 4 个方面，具体内容如下。

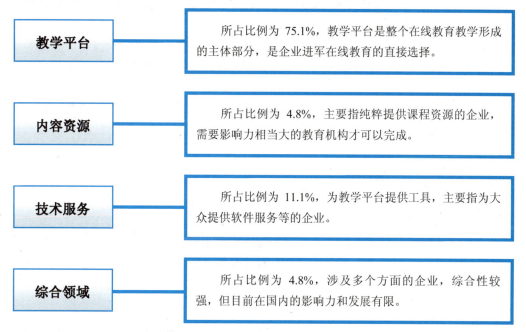

教学平台　　所占比例为 75.1%，教学平台是整个在线教育教学形成的主体部分，是企业进军在线教育的直接选择。

内容资源　　所占比例为 4.8%，主要指纯粹提供课程资源的企业，需要影响力相当大的教育机构才可以完成。

技术服务　　所占比例为 11.1%，为教学平台提供工具，主要指为大众提供软件服务等的企业。

综合领域　　所占比例为 4.8%，涉及多个方面的企业，综合性较强，但目前在国内的影响力和发展有限。

2.2.3 免费与收费之争

根据新东方网校 2013 年的全年财报显示，海外留学培训收入占新东方总收入的 40%，来自于托福和雅思强化班的收入占到这部分收入的 70%。其竞争对手欢聚时代推出的 100 教育，则是把这块业务做成永久免费，甚至还为完成课程的学员提供现金奖励，用于抢夺用户量。

互联网企业进入在线教育行业之后，完成了一个价值链重新分配的过程。这不是教育资源的竞争，而是免费的互联网思维和传统的收费模式的竞争。

国内在线教育的收费盈利第一阵营以传统机构为主，其中新东方网校、学而思网校和沪江网是代表性企业。免费几乎是所有互联网机构的共同举措，不管是早已进入在线教育行业的互联网企业，还是以 TAB 为首的电商平台的近期发展，都以免费旗帜吸引用户，打造品牌。

国内在线教育的免费第一阵营以"100 教育"、网易、腾讯、百度、阿里巴巴为主，这些企业都已播下在线教育的种子，只待未来的耕耘能开花结果。这些企业本身在互联网界玩得相当熟练，所以进军教育界并不是简单地将线下教育课程模式复制到线上，而是融合了互联网和移动互联网的诸多元素。

以"100 教育"为例，其依附于"YY 语音"的便利性和影响力，重点打造如视频音频流畅、重视在线视频交互、每周一版本优化迭代、从预约到抢号报名的饥饿营销等策略。可以说，与传统机构相比，互联网机构花样百出，不仅仅是免费那么简单。

目前已经有部分互联网机构开始寻求收费的盈利之道，毕竟风险投资需要的是真金白银的回报，而传统机构也开始主打免费课程进行用户资源的守护，可以说这种趋势就是未来的主流。

两者不断融合，在保证自身优势不变的情况下，强调特色，采用收费与免费两种模式供用户选择，区别在于不同机构的侧重点和收费点不同，即使是在课程的选择上，也有多种收费方式。

2.2.4 国家的相关政策

随着我国互联网渗透率的不断提高，国家生育政策转变，以及对 K12、职业教育等在线教育领域的日益重视，未来在线教育行业的发展前景非常广阔。国家政策的支持是行业发展的重要方面，下面对国家的相关政策进行介绍。

2013 年 4 月

工信部、国家发改委等八部门联合发布了《关于实施宽带中国 2013 专项行动的意见》，意见明确提出：未来将新增 3G 基站 18 万个，新增固定宽带接入互联网用户超过 2500 万户，实现 5000 所贫困农村地区中小学宽带接入，启动实施"宽带网络校校通"工程。

2014 年 6 月

国务院印发《关于加快发展现代职业教育的决定》，旨在全面部署加快发展现代职业教育，提出到 2020 年，形成具有中国特色、世界水平的现代职业教育体系，并提出高等职业教育规模占高等教育一半以上，引导一批普通本科高校向应用技术类高校转型。

2014 年 11 月

> 　　国务院总理李克强主持召开国务院常务会议，提出确定促进云计算方面的创新发展措施，培育壮大新产业，并将在线教育列为重点打造的新产业之一；在两会上，还提出"互联网+"概念，并表示为切实把教育事业办好，把"互联网+"教育摆上主流台面。
>
> 　　通过互联网让每个想要学习的学员都能够享受同等或者公平的教育，是"互联网+"教育的目标，为此一大批的创业者和企业涌入教育行业，这个古老的行业正焕发出勃勃生机。

　　国家对于在线教育模式的支持是毫不含糊的，同时国家一直对于教育十分重视，尤其是在其促进社会进步，提高生活水平的角度上。

　　目前，我国的教育经费占 GDP 的比重为 4%，而世界上的平均水平为 4.9%，发达国家为 5.1%，欠发达国家为 4.1%。我国的教育经费平均投入属于欠发达国家水平。随着在线教育的兴起所带来的变革，以及国家对教育的支出大幅增加，教育行业在未来的发展空间巨大。

2.2.5　在线教育平台现状

　　截至 2015 年 10 月，在线教育领域除了新东方、好未来、学大教育等传统教育公司，还有百度、阿里巴巴、腾讯、欢聚时代等互联网公司。除此之外，诸如大唐电信、科大讯飞、拓维信息等一些完全与教育不相关的非互联网企业也进入在线教育行业进行战略发展。

　　在线教育的发展尽管势头十足，但是并不意味着任何人都可以进入其中，就在商业巨头以及大量资本不断涌入在线教育市场的同时，不少的失败案例也随之出现。**据统计，到 2014 年底有近 60 家进入在线教育行业的企业倒闭。**其中以下 3 个方面的问题是其倒闭的根本原因。

```
                                    ┌─────────────────┐
                                    │  商业模式不清晰  │
                                    └─────────────────┘
┌─────────────────┐                 ┌─────────────────┐
│  在线教育企业倒闭  │ ─────────────  │  免费烧钱价格战  │
└─────────────────┘                 └─────────────────┘
                                    ┌─────────────────┐
                                    │  教学内容同质化  │
                                    └─────────────────┘
```

在线教育行业的业内人士认为，2015 年是在线教育发展的关键年，行业或迎来重新洗牌，在行业内的企业强者将愈强，弱者会愈弱。对于在线教育企业来说，能否在未来的三年里实现业务上的突破，寻找到适合平台发展的商业模式，决定了其是否能够找到新的生存空间。

1. 创业公司和教育机构的继续进入

2015 年 3 月，"跟谁学"获得 A 轮融资 5000 万美元。这家新的在线教育平台成立不足一年，便获得风险投资，这是在线教育行业发展兴盛的一个佐证。

"跟谁学"的创办者陈先生，他将这家新平台定位为：O2O 找好老师学习服务电商平台，把线上课程与线下资源对接，帮助老师和机构实现移动互联时代的升级和优化。与其他较成熟的教育机构向 O2O 转型不同，"跟谁学"的初始定位就是 O2O 教育，直接的表现方式使其融资资金来得格外猛烈。

与大部分互联网企业类似，"跟谁学"对使用者和进驻的教育机构是完全免费的。前期的纯产品打造是互联网企业的一致目标，而未来在线教育平台的盈利模式有很多可能性。比如用户浏览、消费、支付等，只要拥有用户群体，未来这些理论数据可以产生很多实际的经济价值。

对于新兴创业公司和传统教育机构争相抢滩在线教育，有学者认为，两者各有优劣，具体的比较内容如下。

新兴创业公司

优势：公司有很强的资金和技术优势，容易获得风险投资资金，并且擅长多角度切入教育模式。

劣势：没有强势的教育品牌，同时毕竟不是教育行业的资深者，其对教育的理解不够深入，在实际中遇到的一些问题可能并没有想象的那么好解决。

传统教育机构

优势：已经培养了大量的付费用户以及绝对的品牌优势，这些方面对获取用户的信任有非常大的推动作用。

劣势：人才和资金没有互联网公司强，互联网模式的运营思维较弱。

目前细分领域中 K12(基础教育阶段)最受投资人青睐，成为在线教育的热门领域。传统机构以及互联网企业在 2015 年纷纷加大对 K12 在线教育领域的投入，其中较有代表性的平台有跟我学、请他教、疯狂老师等。

2. BAT 的巨资布局影响深远

在互联网时代，可以说哪里有利润的存在，哪里就有腾讯、阿里、百度三巨头。随着三巨头相继进入，在线教育市场竞争更加激烈，业内普遍认为其大手笔的投资并购将加速整个在线教育行业的洗牌，加速一些影响力较弱的平台的倒闭。

目前来看，三家巨头风格上略有差异，但根本上的运营模式大致相同，都是先主打免费策略，依靠自身影响力笼络人心，形成固定的用户群体。下面对三家平台分别进行介绍。

腾讯

腾讯课堂于 2014 年 4 月 22 日上线，聚合了众多教育机构和教师的课程资源，而目前腾讯的重心也是进一步发展腾讯课堂。

与此同时，腾讯也对在线教育的创业公司进行了巨额投资，其投资计划是从家教 O2O 和 K12 智能题库两个细分领域进行重点布局。

阿里

马云在世界互联网大会上称，在阿里巴巴未来十年的投资计划清单中，教育行业排在首位。淘宝教育主要通过整合跨平台流量，打通淘宝用户向教育用户的转化路径。

在 2012 年至 2014 年期间，淘宝教育交易规模增长了 710%，其中年付费用户规模已突破千万人。需要注意的是，淘宝教育上有一些公开课是免费的，但第三方机构的一些课程在平台上是收费的。

百度

2015 年拆分旗下的作业帮，成立独立的小船出海教育科技有限公司，并且在 9 月时引入红杉和君联资本的投资。

在对在线教育的布局中，百度是三家巨头中投资最多的。据不完全统计，百度投资的平台有传课网、沪江网、万学教育、智客网、爱奇艺教育、Tonara 等。

除了 TAB，其他互联网科技公司也在发力在线教育。在这种情况下，有学者认为行业可能将进入泡沫期，互联网科技巨头将加速行业洗牌。首先因为互联网巨头会继续通过并购或者入股的方式，融合更多垂直教育企业以布局各自的生态教育圈，同类在线教育竞争趋势会愈演愈烈；其次传统教育转型在线教育的势头很明显，企业无疑会加大投资力度，导致企业间并购更加频繁。

2.2.6　在线教育 App 现状

随着在线教育的发展，在线教育 App 也迎来了发展高潮，其中较有影响力的有拓词、有道词典、英语流利说、孩子圈、学霸君等。

在实际的软件数据中，基于外语开发、题库类的在线学习 App 是主要的市场需求，其占据在线教育 App 市场 70%以上的份额，与此同时还有不断的新加入者。有成功就必然存在失败，目前而言，失败的 App 创业者们主要的问题集中在以下几个方面。

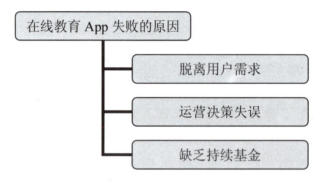

除此之外，App 的设计也可能导致用户体验差。对于能够脱颖而出的在线教育App，有学者认为，基于社区或者论坛为原点的学习类创新 App，会更容易取得成功。

同时，有道词典、拓词等外语学习软件，虽然没有基于社区的形式，但是胜在时间长，以及 App 内在的分享机制促使用户不断自发式的推广。整体而言，这种模式不太适合新兴的教育软件，属于比较难的模式，毕竟不是每种基于社交分享为内核的App 都能够促使用户进行自主分享。

2.3　在线教育的困境

在线教育行业热闹非凡的背后，还有着许多隐忧。其中商业模式不清晰、免费和价格补贴战此起彼伏、同质化竞争严重等问题，都是创业及从业者需要持续探究的。别人的失败对于自身的认识同样重要，因为现代社会竞争激烈，如果不全面去了解，那么就会悄无声息地消失在瞬息万变的市场当中。

2.3.1　教学质量问题

在线教育是一种不同于传统教育的新的教学形式，其出现更具现代化气息，所以人们赋予了在线教育更高的期望，提出了更高的要求。但这并不意味着教学质量就会达到或超过传统教育的水平。

从在线教育发展的现状而言，在线教育远远没有达到使用者期望的水平。从平台或机构而言，从无到有的过程是不可能一蹴而就，尤其是在教学质量方面，需要长时间的积累。在线教育只有效果好，才能吸引学员，从而激发提供者提供教学资源的热情，这是一个相互促进的过程。

在现阶段的情况下，广大求知者首先选择的肯定还是传统的教学模式，主要原因之一就是在线教育的质量，还未能达到或超过传统面授教育的水平。

2.3.2　开发资源受限

在线教育面向全体大众，需要的学习资源相当广泛，尽管有互联网提供相当便利的条件，但并不是每家平台都能够充分利用资源为自身增加影响力。

对于大部分势单力薄的在线教育平台而言，以下 3 个方面的影响都有可能使其开发资源受限。

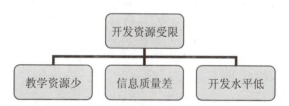

即便是目前开展相对较好的高等学校的在线教育，很多课程也仍是简单地将课本内容转移至网页，尚不能充分地发挥网络和多媒体技术的优势。学生个体化学习的需求无法得到满足，体现在专业和课程特色不够明显，资源的模块结构以及质量不能保证等方面。

整体而言，开发资源受限是大部分新兴平台遇到的第一个问题，如果无法完善地解决这个问题，那么企业要么放弃计划的平台定位，选择其他方面切入在线教育，要么就会像"梯子网"那样从在线教育行业中黯然退出。

2.3.3　标准规范不一

在线教育的平台众多，但也正因为鱼龙混杂，所以整个在线教育的资源建设并没有完全统一的标准和规范。

目前我国的在线教育缺乏技术标准和规范，主要体现在以下两个方面。

教学环境 ──── 开展在线教育的公司和学校基本上是各自为战，制作标准各不相同，如果学员想要进入多个平台学习，那么需要适应形形色色的教学环境。

效果比较 ──── 由于技术规范不统一，造成对在线教育质量无法进行统一的效果对比，学员自身无法确认自己对所学专业的掌握程度，一般情况下的测试都是以课程为单位进行的，效果有限。

2.3.4　基础设施有限

国家对在线教育支持的根本原因是，在线教育能够提供给所有人一个公平的教育环境，但是就目前的情况而言，这并不太现实。

国内不同地区的网络基础设施不能达到预计的要求，尽管现在的网络普及率在不断提高，但是即便在网络覆盖较好的大中城市，网络也未能进入全部家庭。如果是在教育资源匮乏需要在线教育的偏远地区，那么在线教育的效果只能是空中楼阁。

对于多数互联网用户来说，网络宽带仍不足以支持多媒体课件的传输。在线教育的本源是互联网，没有互联网也就没有在线教育，而目前国内还远远不能做到"任何地点都能提供学习"这一预想，因此也就无法保障在线教育的普及率。

2.3.5　资源缺乏系统性

教学资源缺乏系统性是目前在线教育的问题之一。

针对在线教育开发的教学资源，从内容上而言缺乏一定的系统性。尽管课程覆盖面相当广泛，但是针对某个特定专业来讲，要想找到关于这个专业的全面系统的教学资源，是相当有难度的。在线教育平台在尽可能地将课程变得全面的同时，但毕竟对于所有知识面而言单个的力量有限，目前主要还是以平台能够提供的课程为主，而不是以学员想要学习的课程为主。

这种情况对于一部分学员来讲相当不便，如果寻找不到想要学习的内容，也就会导致学员本身对于平台的认可度下降。同时，学员也会因为无法获得必要的课程而影响自身学习的进程和最终效果。

2.3.6　学习动机问题

解决动机是认识问题的根本。在线教育在解决学员的学习动机方面，可以分两个部分去看待，具体内容如下。

学习动机

促进在线教育的初步发展

> 在线教育之所以能够发展起来，是因为大众有需要，这种需求分为必要需求和非必要需求。
>
> 必要需求有可能是被动的，比如找工作，升职加薪，被迫学习，以提高自己的竞争优势；也有可能是主动的，主动去寻求高层次的知识学习。非必要需求的学习者可能只是当作一种爱好，或者跟随大众的选择进行尝试。
>
> 无论是必要需求还是非必要需求，在线教育都能够提供一部分的帮助，所以这种学习动机促进了在线教育的初步发展。

平台的理解妨碍再度发展

> 教学平台或机构很少从学员的角度去思考问题、设计课程和挑选内容。相反，习惯以平台为中心，以自身优势为特点去宣传，以此吸引用户群体。比如他们用白板授课，我们用 iPad 授课等突出优势。
>
> 但需要注意的是，学员之所以有学习的动机，其核心不在于了解平台用什么样的技术呈现授课的内容，那只是一种教学手段，而在于授课内容本身能否直击客户的需求。如果没有互联网思维，那么就算做的是互联网的买卖，思维也还是传统思维。
>
> 可以说在线教育的平台对学员学习动机的认识，阻碍了在线教育平台的深度发展。作为商业模式中的出售者，生产的内容必须是买方主动或被动直接需要的内容，而不是平台能够提供的内容。曾经发展势头强劲的粉笔网就是因为这个原因倒闭。

从学习动机的角度出发，在线教育产品的研发顺序如下。

2.3.7 "烧钱"竞争现状

对于互联网公司而言，前期的"烧钱"式竞争方式已习以为常。以"100 教育"为例，其发布的 2015 财年第一季度财报显示，收入为 2260 万元，算上调研、市场等运营支出，整体亏损 1802 万元。对此，"100 教育"的负责人表示："我觉得是正常的，'100 教育'第一年的重点是融合团队和产品打磨，最主要的目标也不是为了营销。"

从"100 教育"的平台模式来看，整个平台形成一定的影响力以致最后获利，显然短期是不能完成的，至少需要三到五年的时间，甚至更久。而在这个过程中，需要不断地向平台投入资金以扩大网站规模。

"免费"这一互联网行业惯用的利器，对于"100 教育"通过"免费大班"模式筛选付费的客户，以及新东方网校、好未来网校的"1 元课"之争，的确可以给行业带来致命性的冲击。比如司法考试培训市场，就因为有一家网站通过课程免费的模式，把其他的培训机构完全替代掉了。

这种运用互联网"先免费、再通过增值服务收费"的模式，对于整个行业都具有非常大的冲击力，因此运营模式值得有意进入在线教育行业的机构或企业多加借鉴。但是前提是平台必须获得一定的风险投资资金，不然在不断的烧钱式竞争中当续航力不足时就会被淘汰出局，梯子网就是失败的典型案例。

2.4 在线教育的未来

总结过去，才能够展望未来。在之前的几年里，在线教育的发展势头没有任何行业可以与之比拟，但是未来会成为什么样并没有人知道，尽管整个行业对此抱着乐观的心态。

与在线教育的未来紧密相关的内容，主要有以下几个方面。

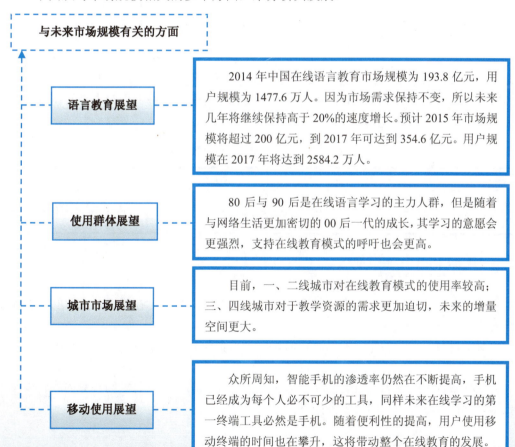

2.4.1 市场规模

对在线教育未来市场规模的展望不能想当然。行业内外的人士都明白在线教育是未来淘金的好地方,但是未来的市场规模为什么会扩大而不是逐渐式微,这是想要进入该行业发展的个人与企业都必须思考的问题。

下面从与市场规模相关的多个方面,来分析其发展。

与未来市场规模有关的方面

语言教育展望

2014 年中国在线语言教育市场规模为 193.8 亿元,用户规模为 1477.6 万人。因为市场需求保持不变,所以未来几年将继续保持高于 20%的速度增长。预计 2015 年市场规模将超过 200 亿元,到 2017 年可达到 354.6 亿元。用户规模在 2017 年将达到 2584.2 万人。

使用群体展望

80 后与 90 后是在线语言学习的主力人群,但是随着与网络生活更加密切的 00 后一代的成长,其学习的意愿会更强烈,支持在线教育模式的呼吁也会更高。

城市市场展望

目前,一、二线城市对在线教育模式的使用率较高;三、四线城市对于教学资源的需求更加迫切,未来的增量空间更大。

移动使用展望

众所周知,智能手机的渗透率仍然在不断提高,手机已经成为每个人必不可少的工具,同样未来在线学习的第一终端工具必然是手机。随着便利性的提高,用户使用移动终端的时间也在攀升,这将带动整个在线教育的发展。

通过以上多个方面的展望，可以明确地看出未来的在线教育市场规模必然趋势是扩大。同时，未来的用户群体将更倾向于在线教育 O2O 模式，即基于传统教学，配合使用手机 App 等在线产品和服务。

2.4.2 用户规模

中国产业信息网对一年内至少一次，使用互联网接受某种教育的个人用户数量进行了统计，其统计的数据如表 2-1 所示。

表 2-1　2008—2014 年实际用户数量信息

时间	2008 年	2009 年	2010 年	2011 年	2012 年	2013 年	2014 年
用户规模	3591.8 万	3889.4 万	4471.8 万	5189.5 万	5905.6 万	6720.0 万	7796.9 万
年增长率		8.3%	15.0%	16.1%	13.8%	13.8%	16.0%

从中可以看出，使用互联网接受教育的用户数量在逐年上升，增长率也保持在 10% 以上。有鉴于此中国产业信息网根据在线教育的现状，进一步对未来的在线教育用户规模进行了预测，其相关数据如表 2-2 所示。

表 2-2　2015—2017 年预计用户数量信息

时间	2015 年	2016 年	2017 年
用户规模	9099.2 万	10338.1 万	12032.6 万
年增长率	16.7%	13.6%	16.4%

2.4.3 发展前景

前面介绍的内容与整个在线教育行业相关，本节主要针对在线教育企业的发展前景而论。

对于目前的在线教育行业的企业而言，未来企业发展的前景主要集中在不同方式的联合。

这种联合可以分为 3 个方面，分别是企业与企业的联合、行业与行业的联合以及机构与学校的联合，具体的内容如下。

在线教育行业内的联合

企业与企业

　　百度收购传课网、新东方投资决胜网、好未来投资果壳和宝宝树等行为说明，在同教育产业里面，未来的在线教育将是企业之间相互联合的一个利益集合体。

　　有特色的平台将需求资源与人脉的合作，强强联合才能更好地打造自己的在线教育平台。

行业与行业

　　欢聚时代当初进入在线教育领域让所有人大吃一惊，因为欢聚时代的主打产品是 YY 语音，与在线教育并没有直接关系，这种跨行业进军的现象在未来将出现得更多。

机构与学校

　　对于传统教育机构而言，2015 年是转型关键的一年，在如此规模的互联网教育行业影响冲击下，以及国家政策的大力支持下，变化已经成为必然趋势。

　　未来会有更多的学校尝试在线教育教学，与互联网机构相结合，也会有更多的教师走出体制，享受属于教师时代的红利。机构与学校的联合是两方的迫切需求，也就成为未来的发展趋势。

2.4.4　综合化与垂直化

　　综合化理论认为，零售业态的变迁依据综合化到专业化，再由专业化到综合化的路径循环进行。当综合化的业态发展到一定程度后，就会出现以专业化为主要特征的业态。同样，当专业化的业态发展到一定程度后，又会出现综合化的业态。但是如果就在线教育行业而言，综合化与垂直化已经在企业的层次上完全分开，成为企业定位时的不同选择。

下面主要就在线教育平台的内容综合化与垂直化分析如下。

平台内容综合化

随着大众的需求增加，平台的内容也随之增加，对于已经具备一定影响力的在线教育机构而言，平台内容的综合化已是大势所趋。

以 2001 年出现的在线教育平台沪江网为例，其发展历程基本与中国互联网行业的发展路径"保持同步"。

2001 年国内的出国热带动了语言培训市场的繁荣，尤其是英语，当时流行的 BBS 形态催生了沪江网。随着 BBS 形态在社会发展中的局限性日渐严重，BBS 模式逐渐退出视野，沪江网增强了平台的媒体属性，向门户形态转型。

淘宝、京东等电商平台迅猛崛起，加之金融危机后用户的学习需求上升，沪江网紧跟时代，开拓了商城和网校等最热门的业务。这种综合化的平台内容的变化使沪江网在竞争激烈的行业内屹立不倒。目前沪江网全平台的注册用户数接近 8000 万，其中包括近 5000 万的移动端用户，收费的沪江网校业务现有 300 万用户，盈利程度仅次于新东方网校和学而思网校。

沪江网的逐步改变，建立在以学员需求为根本提供内容和服务，其内容品类的扩充也驱动着平台坚持内容综合化道路。

平台内容垂直化

平台内容综合化往往需要极强的影响力、资金和用户群体，对于新创企业或条件不达标的企业而言，创建综合化平台是死路。

在这种情况下，选择平台内容的垂直化就成了绝大部分在线教育企业的出路。垂直化内容与在线教育用户课程选择的内容紧密联系。根据中国产业信息网提供的在线教育用户课程选择分布信息，职业技能培训占 38.6%，其次是中小学课程辅导、学历教育、公开课、语言培训分别占据 10% 左右。单独选择某方面内容作为平台垂直化领域内容的平台就是垂直平台。

垂直化是树立品牌效应的重要方式，在线教育从业者努力构建自身的品牌，在学员中树立品牌认知。让学员一想到学习，就与品牌建立联系，这对在线教育从业者至关重要。

2.5 传统教育转型在线教育的问题

当白领上网看公开课、拿着手机背单词；当学生在电脑上做测试、用手机来练习听力；当家长用 App 浏览最新的升学信息、在微信群里讨论着教学机构的选择；当老师开始更多地通过网络准备教学内容、通过电脑进行智能化组卷，互联网已真正融入到了教育的各个环节，传统教育已到了不能不转型的地步。

作为传承千年的教学模式，对于传统教育机构或学校而言，转型显然不是一句话那么简单。传统教育转型在线教育的问题主要集中在以下几个方面。

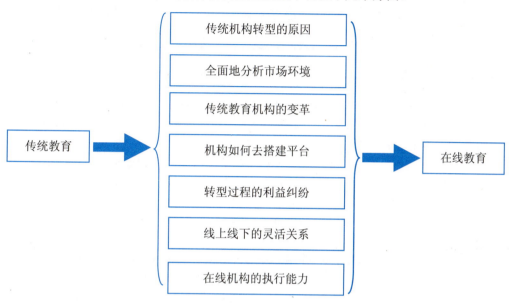

2.5.1 传统机构转型的原因

在过去，一次公开课数百人参加，一个新教学点两个假期收回成本，只要教学的口碑做得不太差，几乎所有的传统教育机构都能赚到钱。在现在，传统教育机构发现这样的好日子越来越少，尤其是严重依附于体制内的考试模式，国家教育层次的一次政策变革就足以让一个教育细分市场崩溃。

传统教育机构不转型，可能就是死路一条的原因主要有以下 4 个。

发展空间受限

教育产业是一群知识分子用智慧撑起的，可其本质却是劳动密集型产业，并且传统教育的中心就是名师。竞争对手挖墙角或名师自己创业这两种情况，成为传统教育机构持续发展的首要问题。为了降低运营的风险，名师们的工资一涨再涨，再加上机构规模的扩大，导致老师数量增加，最终教育机构的人力成本居高不下。

机构支出加剧

2013 年发生在北京、上海的几起教育机构跑路事件，都是因为给员工发不出工资，交不起机构自身的房租而导致的。国内的工资与房租早已与十几年前截然不同，教育机构的支出费用与盈利不平衡，在没有风险投资的情况下，教育机构在激烈竞争的形势下已经难以维持原来的传统教育经营模式。

利润的平均化

2008 年我国教育培训机构总数达到 18.16 万家，即使到 2012 年也有 14.40 万家。这些教育培训机构主要集中在北京、上海、武汉、重庆等地。这种严重扎堆的情况，造成了教育培训机构竞争加剧，利润越来越低。

目前教育发展的势头火爆，但这并不是传统教育机构的春天，而是在线教育机构的春天。在线教育机构进一步加强了竞争力度，加大了利润的平均化，没有利润，传统教育机构将迎来的是死亡而不是春天。

盈利模式变化

过去，传统教育机构要么贩卖精神要么贩卖分数，才能持续地存活，部分机构甚至能够获得巨额利润。但现在随着互联网模式的全面化，传统教育机构已经成为一种纯粹的老师与学生间的中介，虽然也可以存活下去，但是盈利相当有限。另外，在在线教育介入下，老师和学生都能通过网络绕开传统教育机构进行交易，这对传统教育机构造成了直接的威胁。

2.5.2　全面地分析市场环境

尽管转型成为必然趋势，但是传统教育机构在向在线教育转型失败，导致其彻底退出教育领域的案例也不在少数。盲目转型能够成功的可能性不大，毕竟在线教育行业的竞争力相当大。因此在转型之前需要从根本的需求点出发，全面地分析市场环境。

机构转型的重点在于赢得未来，那么从在线教育的未来需求出发，就是机构转型的中心点。除了综合化和垂直化的分析之外，有学者还从地域、价格、体验和效果等 4 个方面对传统教育机构转型做了分析。

地域：三线以下城市是未来发展的重心。三线城市的人口众多，需求量较大，同时在人力资源、工资房租等方面都较为廉价，传统机构可以考虑进入三线以下城市进行独立成长。

价格：在线教育主流产品的价格会趋于高性价比。这点与传统教育机构提高教育产品价格以获得盈利是相反的。互联网时代免费是吸引用户群体的制胜法则，传统机构转型如果没有认识到这一点，那么转型也必然会失败，高价格的教育产品在互联网时代很难被认可。

体验：对用户的学习模式进行优化，以及利用互联网的方法做创新，这些方式都是为了提高在线教育用户的直接体验。传统的教育机构需要进入真正的学习才能够有所体验，而在线教育最直观的优势就是无偿体验，让用户自己选择。传统教育机构转型后，如果不能使用户在网络上直接体验课程，那么吸引力将大大降低。

效果：将传统模式互联网化是很有必要的，但是能够做到什么样的程度就是教育机构自身的能力所在了。有道学堂就尝试了在平台上做答疑和批改作业等功能。效果是留住用户的原因，未来教育流程的整合与互联网化将不断加深。

如果传统教育机构在转型之后能够在这些方面做得比一般在线教育机构更好，那么机构转型是必然能够成功的。但是转型对于机构而言是决定生死的事情，所以在转型之前一定要结合自身条件对这些方面进行分析。

2.5.3　传统教育机构的变革

很多传统教育机构十年前就开始在网络上开展课程销售，并且不断升级，在当前在线教育大发展的背景下，则开启了更加积极的变革和创新，以适应新的市场需求，取得更大的发展。

互联网技术的发展给传统教育带来了新的危机和挑战，促使传统教育转型，但同时也为其提供了新的机遇。传统教育机构的变革的内容主要有以下4个方面。

授课模式

创建云课堂模式是教育行业授课模式改变的一个重要象征，以巨人教育与民营互联网电信运营商鹏博士合建的"空中万人云课堂"为例，其实现了直播教室与电脑、手机、ipad以及电视机的"四屏联动"。

这种模式下，学员坐在客厅里就可以通过电视机实时上课并且与教师实时互动交流。

在"如何让学员更加方便地上课"这个问题上，传统教育机构不能不变革。

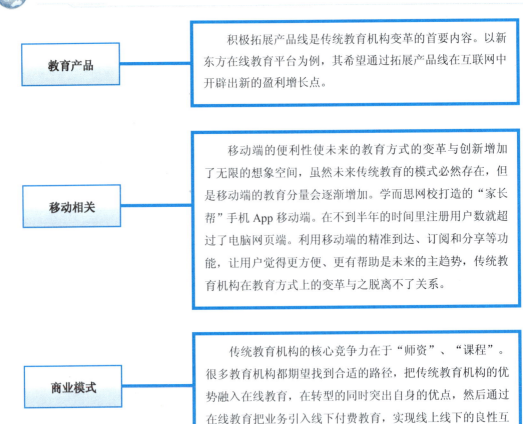

教育产品

积极拓展产品线是传统教育机构变革的首要内容。以新东方在线教育平台为例，其希望通过拓展产品线在互联网中开辟出新的盈利增长点。

移动相关

移动端的便利性使未来的教育方式的变革与创新增加了无限的想象空间，虽然未来传统教育的模式必然存在，但是移动端的教育分量会逐渐增加。学而思网校打造的"家长帮"手机 App 移动端。在不到半年的时间里注册用户数就超过了电脑网页端。利用移动端的精准到达、订阅和分享等功能，让用户觉得更方便、更有帮助是未来的主趋势，传统教育机构在教育方式上的变革与之脱离不了关系。

商业模式

传统教育机构的核心竞争力在于"师资"、"课程"。很多教育机构都期望找到合适的路径，把传统教育机构的优势融入在线教育，在转型的同时突出自身的优点，然后通过在线教育把业务引入线下付费教育，实现线上线下的良性互动，从而让业务拓展变得事半功倍。

2.5.4　机构如何去搭建平台

目前一部分传统教育转型在线教育模式时所做的内容就是把传统的授课方式照搬到网络上去，将课件与一个老师搭配就完成了转型。在这个过程中，除了将录制好的视频投放到网上之外，其授课模式与传统的线下教育没有太大的差别。

这种"在线教育"形式的出现，主要是因传统教育机构对在线教育模式不理解造成的，因为在线教育的天然优势没有被充分地展现出来。在线教育的优势如下。

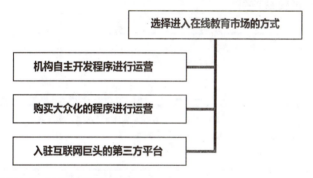

没有在平台内容中充分展现这些优势的网站，并不是在线教育网站，因为其运作思维还是传统教育，且这种平台的发展影响力是相当有限的，用户的积极性和参与性也较弱。

对于教育机构而言，想要进军在线教育领域，一般可以有以下 3 条路可供选择。

下面针对不同的方式进行具体分析。

自主开发程序 ➡

优点在于该方式属于量身定制。在线教育不同于其他行业，自然教学的功能要求也不相同，平台的特色由此而来。

如果机构自己组建团队开发，虽然能满足自己的要求，但是开发系统的成本至少要以百万元计算。很显然，大多数教育机构都很难承担得起这笔庞大支出，所以这种模式不是主流模式。

购买现有程序 ➡

购买现成的平台程序可以减低成本并且完全可以直接投入运营，但缺点是这种量产程序的功能过于大众化，而且更新的速度非常慢。

这种模式在现在发展迅速的在线教育市场中很难占据重要地位，也无法吸引广大用户群体。

入驻其他平台 ➡️

这种方式最受互联网巨头的喜欢，因为这些平台就是需要教育机构的入驻才能够形成自身的影响力。简单地说就是利用教育机构的影响力来打造平台自身的影响力。

对于入驻机构而言，免除了网校系统的开发成本，尤其对于刚涉足在线教育的新企业而言是相当不错的选择。不过有利就有弊，从长期发展来讲，这种方式限制了教育机构本身的品牌发展。

2.5.5　转型过程的利益纠纷

传统教育机构在转型过程中的利益纠纷，造成这种情况出现的原因主要有以下几点。

内部的利益博弈

(1) 与团队相关。传统教育机构里鲜有懂互联网的，团队的组建需要整合教育人才、吸收新的互联网人才，这就相当于对整个教育团队进行了重新整合。一般情况下，这个过程需要较长的时间。

(2) 与资金相关。一款教育产品的开发不太难但是周期较短，加上后期的运营维护等，整体的成本很高，这相当于内部的创业项目，一旦涉及资金的用途就会引发内部人员之间的利益博弈。

(3) 与产品相关。即便组建了一支优秀的团队，能否做出优秀的产品，考验的是团队配合和协调的能力，毕竟教育思维和互联网思维存在着一定的出入。任何的内部改革和转型都会面临着保守势力的阻碍，在大型的教育公司中，内部的利益博弈也难免存在。

以传统教育机构新东方转型为例，其内部就因为存在一定的利益博弈而导致转型艰难，主要原因在于传统教育与在线教育的资金投入、资源倾斜上不平衡，新东方在线在四、六级和考研项目上的收入要高于北京新东方学校。新的产品投入资金巨大，但在产品本身上依然没有太多创新。

2.5.6　线上线下的灵活关系

教育行业在经历了概念浪潮之后，已然开始趋于务实。与最开始时的大谈概念不同，众多的教育机构开始思考如何将技术融合在教育中，其中认为线上与线下的融合将成为一种趋势。

以学大教育为例，在 2014 年，学大教育将 O2O 作为布局的重点，发布了学大个性化智能辅导系统"e 学大"。这个平台由线上和线下两个环节构成，线上平台是利用 ASPG 技术，也就是评测、自学、定位、辅导，来实现学习数据的追踪和沉淀；线下是与学生个体相匹配的辅导体系。

在过去的几年中，多家传统教育辅导机构和在线教育创业团队都纷纷推出智能学习系统。在这种系统中的题库、工具、视频课程、微课程等几个模块近乎标准配置。两种类型的教学机构(企业)相比，传统教育的优势在于强大的线下资源，可以频繁地为在线平台贡献数据；技术型互联网教育团队的优势则在于对互联网的理解和对互联网技术的运用。

如果机构做的是纯互联网教育产品，完全技术性层次的东西，没有有效地和线下结合，那么整体机构的教育价值则不大。要么帮助线下提供一些支持，要么能够给线下和用户带来一定的价值。对于机构本身而言，这种线上线下的关系比较灵活。

2.5.7　转型失败的诸多原因

在线教育的出现虽然已成为一种趋势，也为传统教育机构带来了变革和转型，不过业内人士认为完全转型成功的传统教育机构相当少，甚至认为还没有一家是真正意义上转型成功的传统教育机构。

出现这种情况的原因主要有以下几个方面。

底层改革性

成功的改革往往从底层开始，席卷行业之后替代过去的优秀改革，所以国家的改革开放取得了最耀眼的成就。同样，业内人士认为，教育机构的改革或者转型也需要从三四线等城市开始，逐渐地形成一个改革派，进而使曾经优秀的分校被迫参与改革。

信息及时性

从市场的角度来看，随着移动互联网步伐的加快，过去因为信息不对称等发展起来的企业，在逐步失去一部分利益，随着时间的推移会慢慢趋近于零。当市场运营超脱于互联网的时候，就应该注意下一阶段的下滑。保住自己的核心与最具竞争力的部分，才是教育机构要做的。

信息的及时性是整个机构需要注意的方面，尤其是在未来的发展中决定了能否转型成功，以及教育机构在转型之后能否继续生存下去。

机构战略性

"互联网+"教育，是用互联网思维做教育，而非简单地硬搬 O2O 概念，而真正蕴含的深层是线上与线下的促进。对于机构而言，不明白其中的意义，就不可能获得转型的真正成功。

第 3 章

在线教育的类型划分

在线教育出现以来，各个教育机构的切入点都与众不同，尽可能地利用平台的侧重点去作为特色吸引用户群体，在这种情况下，目前存在的在线教育类型相当之多。

本章主要分析目前在线教育的不同类型，并对 K12 教育范围进行重点剖析，使读者能够更直观地了解和认识整个在线教育行业的具体类型、现状。

在线教育的
类型划分

在线教育的用户年龄分类

在线教育的平台业务分类

在线教育的商业模式分类

K12 教育的重点讲解

3.1 在线教育的用户年龄分类

在线教育行业的内容可以依据不同的方式进行分类，其中最容易被大众理解和接受的就是按用户的年龄分类，一般可分为以下 10 类。

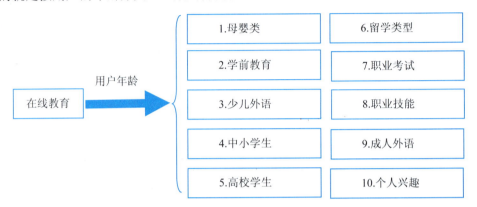

3.1.1 母婴类

下面从市场现状、未来发展和专家分析这 3 个方面，对母婴领域的在线教育进行介绍。

市场现状：尽管母婴在线教育的市场已经发展多年，但行业总体仍处于赚吆喝而不赚钱的状态。主要原因在于国内垂直母婴网站大多存在同质化、竞争激烈和盈利模式单一等问题。从在线教育的内容来看，大部分母婴网站功能类似，大多是基础的母婴知识库、问题咨询、交流社区等内容，特色区分并不明显。

未来发展：中国婴童产业是朝阳产业，现在正处于快速发展的初期，国内每年有将近 2000 万的新生儿，0～36 个月的婴幼儿超过 6000 万，加上还有 2000 万左右的孕妈妈，2014 年婴童市场规模已经超过了万亿，所以发展母婴及儿童产品的在线教育市场前景非常广阔。

专家分析：传统母婴网站与在线教育行业巨头相结合的模式已经成为一种趋势，其中最典型的案例是好未来集团战略投资国内母婴服务企业宝宝树。根据双方公告显示，本次战略投资涉及 1.5 亿元人民币。合作之后将在母婴与教育领域展开一系列探索，实现从孕育阶段至中小学时期的战略接轨。

3.1.2　学前教育

下面从市场现状、未来发展和专家分析这 3 个方面，对学前教育领域的在线教育进行介绍。

> **市场现状：**相比于基础教育的市场火热度，在最近的两年，儿童早教市场逐渐冷却。2014 年，儿童早教市场在国内在线教育市场中的投资占比首次低于 20%。国内在学前教育方面的融资仍然比较多，但是融资金额不大，大多数企业缺乏有效的产品形态，没有充分开发在线早教的巨大市场，目前现状是市场步入平缓发展期。

> **未来发展：**学前教育的市场消费规模不亚于母婴产品市场，不过目前国内各区域经济的发展水平不平衡，所以整体市场还处于起步阶段，主要集中在北京、上海等一线城市。随着针对孩子的培养和教育的重视，未来的市场发展将潜力无限。

> **专家分析：**有统计数据显示，针对家长的亲子课程拥有更高、更稳定的播放量。所以，为家长设计育儿教育等服务将是教育方面的新突破点，其中童谣教学、益智游戏等产品成为最受欢迎的早教服务。对于专注学前教育的企业而言，将产品娱乐化，预计能获得更大的发展空间。
>
> 目前在这方面有广泛影响力的 App 不多，主要有爱宝宝、宝宝巴士等。

3.1.3　少儿外语

下面从市场现状、未来发展和专家分析这 3 个方面，对少儿外语领域的在线教育进行介绍。

> **市场现状：**2015 年国内在线少儿外语教育领域持续风起云涌，有"三股势力"正在向这一市场发起进攻，分别是以 VIPABC、51Talk 为代表的英语在线教育公司，以新东方、好未来、英孚为代表的传统培训机构，以及直接瞄准这一细分市场的创业公司。

> **未来发展：**少儿外语的市场虽然广阔，但是已经有多家培训机构因线下成本高昂等诸多原因而倒闭。目前市场发展处于最初的探索期，产品升级迫在眉睫，大部分的家长对这种在线教育形式仍然存在疑虑，但有越来越多的家长开始接受。随着认可程度的提高，未来的市场同样有一定的发展潜力。

专家分析：语言教育方面的在线教育出现已久，其中具备广泛影响力的企业相当多，比如新东方、VIPABC、51Talk、EnglishBreak、海绵外语、爱卡微口语、魔方英语、沪江网校等，在以后的发展中，各方企业都将承受较大的竞争压力。

目前在这方面影响力广泛的 App 有很多，比如以掌上新东方为代表的企业 App 和以英语流利说为代表的非企业 App。

3.1.4　中小学生

下面从市场现状、未来发展和专家分析这 3 个方面，对中小学生领域的在线教育进行介绍。

市场现状：国内中小学的学生数量约为 1.8 亿，市场约为 2550 亿元，但目前在线教育的占比只有 18%，市场仍有很大发展空间。在 2014 年，基础教育领域获得资本市场重点关注，投资占比同比增加一倍多。

未来发展：O2O 教育方式对中小学教育的影响极其深远，是未来在线教育发展中最重要的机会。上门家教或者与线下机构合作，都能对原有线上教育形成有效补充，目前几乎所有教育机构都开始尝试 O2O 模式。

专家分析：中小学在线教育呈现多样化发展，题库、英语、家教等领域内均有产品获得千万美元以上投资，同时竞争压力也在加剧，不断有创业者进入这个领域，或者传统教育机构开始布局，尤其是在国内的一线城市。

目前在这方面影响力广泛的 App 有很多，比如学而思网校、学大教育网、一起作业网、猿题库、问酷网、菁优网、学霸君等。

3.1.5　高校学生

下面从市场现状、未来发展和专家分析这 3 个方面，对高校学生领域的在线教育进行介绍。

市场现状：目前的市场主要集中学历教育方面，国家对于网校的毕业证正在逐步认可，但是这方面的教学内容需要较高的知识基础，而且需要教学机构有相当大的影响力。除了学历教育之外，就是各大学自己开发的在线课程平台，专业性课程主要对内部学生开放，只有其他的基础性课程或公开课才对外开放。

未来发展：对于学历教育而言，无法有效地做到 O2O 模式，一般以移动端的学历考证知识的学习为主。现代社会对个人水平的要求越来越高，在未来的趋势中，大学相关的在线教育领域会迎来一个快速的发展期。

专家分析：大学或教育机构的公开课是大部分人对在线教育的第一印象，所以家底厚实的互联网巨头进入在线教育行业之后，大额投资公开课，希望打造品牌。目前在这方面除了教育机构的平台自带 App 之外，还有以课程格子、超级课程表等提供具有某方面工具作用的 App。

3.1.6　留学类型

下面从市场现状、未来发展和专家分析这 3 个方面，对留学类型领域的在线教育进行介绍。

市场现状：教育部统计数据显示，中国目前每年的出国留学总人数在 40 万人左右，其中本科及以下层面就读人数增长迅猛，低龄化趋势明显。在线教育市场向二三线城市蔓延，与留学相关的在线教育培训机构迅速增加。

未来发展：未来的发展离不开全球化，对于个人而言，留学是一个增加阅历，提高教育经历，获得更好发展的便利方式。未来的需求量将不断增长，同样进入该行业的教育机构或企业也会增加，其中教育机构与留学机构的结合是大势所趋。

专家分析：已经有部分机构开始寻求综合发展，比如启德教育推出入境陪同服务和学习生活管理服务，同时开设了高端艺术留学直通车、RWP 项目、公众演讲公开课等业务，可看作是教育机构在留学领域的改变。目前在这方面的 App 主要是面向师生的出国留学服务，比如"我是留学党"等。

3.1.7　职业考试

下面从市场现状、未来发展和专家分析这 3 个方面，对职业考试领域的在线教育进行介绍。

市场现状：职业教育的投融资情况表现稳定，目前仍是在线教育领域内的热门投资板块。数据显示，2014 年中国在线教育的市场规模约为 825 亿，其中职业教育的占比高达 30%以上。另外，官方也鼓励发展职业教育。

未来发展： 职业考试主要是针对一些与职业相关的证书的考试。受职业教育整体热门的影响，未来在线职业教育的发展同样很有前景，但是考试类的证书需要国家教育机构承认才具备实际效果，因此对进入在线职业教育领域的要求极高。

专家分析： 职业考试是从业人员从事某个工作需要具有的相关职业资格的考试。目前有不少大型教育机构都或多或少地与这个领域有所联系。目前在这方面的代表性App有"优乐学"这种专业的手机考试系统，未来会有一定的发展。

3.1.8 职业技能

下面从市场现状、未来发展和专家分析这 3 个方面，对职业技能领域的在线教育进行介绍。

市场现状： 职业技能的培训是目前在线教育市场发展迅速的领域，其中的一些企业已经形成了一定的品牌，如中国会计网校、网易云课堂、YY 教育、新浪微课堂、新东方在线等总体占据了市场的 85%使用率。另外现有在线职业教育服务如 IT 培训等聚焦于垂直领域，专业性虽强但服务过于分散，规模较小。平台化在线职业教育有望通过提升用户搜索效率、降低寻找成本而获得用户青睐。

未来发展： 在线用户对资格认证、证书的需求异常强烈。职业培训的未来市场十分广阔，并且与其他领域的盈利模式不同，容易盈利，大部分的在线教育平台都是依靠这个领域的课程获得一定的利润。

专家分析： 职业技能在未来的发展潜力巨大，资格证书有望发展为线上服务的核心资源，能够提供认证的线上机构，其竞争力将会因此得到巨大提升。但是对于新创企业而言，进入其中分享一块蛋糕并不是很靠谱，几大巨头占据了市场的主要份额，如果选择垂直化的某个细分领域进行运作，可获得意外的惊喜。

3.1.9 成人外语

下面从市场现状、未来发展和专家分析这 3 个方面，对成人外语领域的在线教育进行介绍。

市场现状：2014 年，国内在线语言学习的市场规模约为 200 亿元，比上一年增长 24%。成人外语是其中的重要部分，与少儿外语更注重基础性知识不同，成人外语主要是培优业务较多，更注重高水平的外语知识，同时小语种的学习人数也在增多。

未来发展：随着从业者的增加，在线语言学习领域的竞争不断加剧。部分语言学习产品因为竞争增加，提前遭遇发展瓶颈。随着兼并收购的进行，资源越来越向大型语言教育机构汇集。功能细分的小型垂直机构，未来的生存将更加艰难。

专家分析：O2O 模式对于成人外语同样重要，语言培训课程在线下拥有更好的用户体验，与传统培训机构的合作也能缓解线上和线下的竞争关系。需要注意的是，小语种学习中的日语和韩语拥有较多的用户群体。国内在线语言培训领域中，日韩语种的受众比例达到 16.6%，未来的发展空间相对较大。

3.1.10　个人兴趣

下面从市场现状、未来发展和专家分析这 3 个方面，对个人兴趣领域的在线教育进行介绍。

市场现状：超过 30%的用户表示在网上学习是为了满足个人的"兴趣爱好"。即使是在传统教育中，兴趣对学习群体而言也具有强大的驱动力。公开数据显示，中国兴趣爱好市场的规模约为 500 亿元。

未来发展：社会主流人群可支配收入的增长，将促使兴趣培训市场的规模进一步提升。个人兴趣领域在未来的发展空间可以与 K12 教育(基础教育)相媲美，随着个体对于精神满足感的追求，国内市场将迎来一个长期的稳定发展期。

专家分析：需要注意的是，目前网络上出现了很多诸如"一分钟飞碟说"等融合知识与个人脱口秀的小节目，很受大众喜欢，在聚合人气之后，未来的发展空间巨大。

3.1.11　综合内容

在任何行业都有门户网站存在的必要性，国内提供分类信息与门户服务的网站主要有中国教育在线、中国考研网、厚学网和淘课网等，其中号称国内最大教育门户网站的"中国教育在线"如图 3-1 所示。

图 3-1　中国教育在线官网

综合以上各类型的市场现状、未来发展和专家分析，可以总结出以下 3 点。

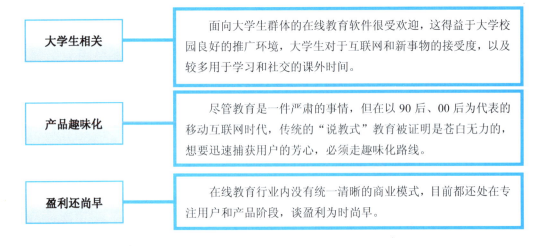

大学生相关	面向大学生群体的在线教育软件很受欢迎，这得益于大学校园良好的推广环境，大学生对于互联网和新事物的接受度，以及较多用于学习和社交的课外时间。
产品趣味化	尽管教育是一件严肃的事情，但在以 90 后、00 后为代表的移动互联网时代，传统的"说教式"教育被证明是苍白无力的，想要迅速捕获用户的芳心，必须走趣味化路线。
盈利还尚早	在线教育行业内没有统一清晰的商业模式，目前都还处在专注用户和产品阶段，谈盈利为时尚早。

3.2　在线教育的平台业务分类

在线教育行业的内容根据平台的业务可以分为以下几类。

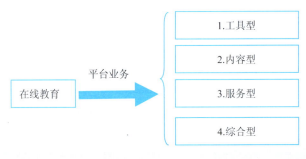

3.2.1 工具型在线教育业务

根据平台的内容分类，工具型的企业，从发展来看，百度、腾讯走过的路是有代表性的成功之路。百度起家于搜索工具，腾讯开始于在线交流工具，都从互联网工具开始，逐渐发展成为一个庞大的互联网集团。

目前专注于工具型作用的在线教育平台相当多，根据 2014 年"中国在线教育行业图谱"的相关资料，整理出与工具型在线教育平台相关的信息，具体如下。

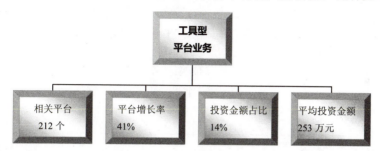

工具型的平台主要通过答题、智能出卷、闯关做题等方式为用户提供学习途径。工具型平台小而轻盈，容易成功，一旦成长为影响力广泛的应用，就可以拓展为综合平台。平台主要以 App 软件模式为主，如猿题库(目前估值 1.25 亿美元，完成 C 轮 1500 万美元融资)，除此之外还有"问他作业"、"我要当学霸"、"百词斩"等。

3.2.2 内容型在线教育业务

内容型在线教育平台有很多是以实体大学为依托的在线教育网站，比如麻省理工和哈佛合作办了 edx 教学模式，这种模式主要针对学校教育，外界教育机构较难进入。

目前专注于内容型作用的在线教育平台最多，根据 2014 年"中国在线教育行业图谱"的相关资料，整理出与内容型在线教育平台相关的信息，具体如下。

在线教育产品的最终成功，无论从效果还是顾客黏性上，必须全面、深入地介入

到教学环节中。内容型平台的业务内容主要是与实际教学内容相关的课程资源，在发展上目前已经趋于饱和，平台的增长率几乎是所有类型中最慢的。但是从受众角度而言，这种在线教育平台最容易使其获得相关的学历证书，市场需求广阔。

3.2.3 服务型在线教育业务

服务型在线教育平台分为两种，分别是以向在线教育平台提供服务为主的平台和以服务学习者为主的平台。

目前专注于服务型作用的在线教育平台较多，根据 2014 年"中国在线教育行业图谱"的相关资料，整理出与服务型在线教育平台相关的信息，具体如下。

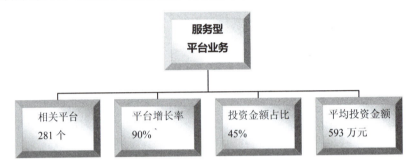

服务型在线教育业务以向大学提供工具、技术等来帮助大学创建并管理在线教育项目，著名的 Coursera 教学平台就是这种类型。向大学提供课程的开放平台，著名的有网易公开课和 Itunes U 等。

3.2.4 综合型在线教育业务

综合型在线教育平台对机构本身的实力要求极高，因此目前国内的综合型教育平台极少，只有 21 家，整体的相关信息如下。

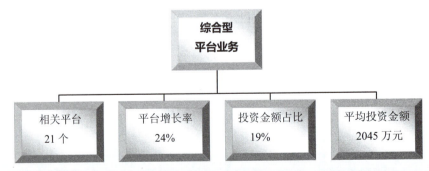

从中可以看出，综合型平台对融资资金的需求相当大，平均投资金额在 2000 万元以上，属于行业巨头才能承受得起的投资领域，但随着在线教育的大热，平台的增

长率也保持了 24%的迅猛势头。

3.3 在线教育的商业模式分类

在线教育行业的内容根据商业模式可分为以下几类。

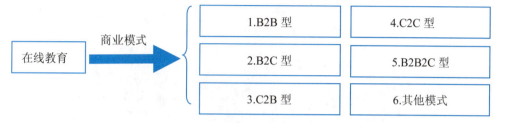

各种模式的内容关系如图 3-2 所示。

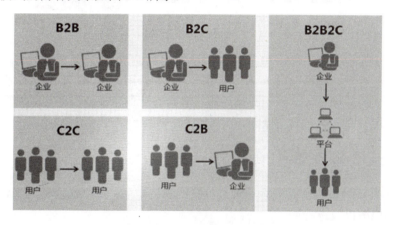

图 3-2 各种商业模式的内容

3.3.1 B2B 型在线教育模式

B2B 型在线教育的商业模式是指在线教育行业中企业对企业之间的营销关系。

2015 年 9 月中旬，好未来教育集团发布了最新版的《中国在线教育行业图谱》，文章指出，2013 年至 2014 年，中国对教育科技的投资增长率是美国的 77 倍，其中 B2B 模式将有望成为下一个发展突破点。

目前 B2B 型在线教育的创业项目总数为 39 个，半年新增项目占总体新增项目的 10%，平均投资金额达 1700 万美元。

具体说来，互联网行业巨头原有的向教育培训企业提供广告的服务就属于这种模式。除此之外，还有向政府、企业、团体提供在线教育服务的模式，也属于 B2B 模式，如影响力较大的"中国企业大学"，其官方网站如图 3-3 所示。

图 3-3 "中国企业大学"官方网站

花钱购买搜索引擎关键词和门户的流量，这种商业模式已经成为教育培训行业的通行模式。教育培训机构获取一个付费用户的平均费用非常高，从每人数百元到数千元不等。巨大的回报是互联网门户网站重视教育行业的重要原因，也是其为什么投入巨资进入在线教育行业布局的原因。

3.3.2 B2C 型在线教育模式

B2C 型在线教育模式是指企业通过互联网建造一个平台，受众通过平台获得相关的教育培训服务以及进行网上支付。

B2C 模式因为往往具有海量的用户数，甚至上亿的市场容量，所以容易吸引大量投资投向这个领域。

目前 B2C 型的创业项目最多，总数达 500 多个，半年新增项目占总体新增项目的 53%，平均投资金额达 600 万美元。

采用 B2C 模式的企业很多，这是目前商业化程度最高的模式，包括猿题库、51Talk、爱考拉、沪江网、学而思在线、VIPABC 等，这类网站提供的是技能教育，它们周期短、投入小、目的性强，从而使学员付费的可能性大大提高。

例如，"酷学习"网通过网址自主制造一系列有趣的教学微视频，这些视频的时间大约在 10 分钟左右，服务于在校学生。该网站的特点是打造微视频概念，使知识内容变得有趣、好玩又短小精炼，有助于学生快速找到薄弱点，利用零碎化时间实现趣味化学习。

"酷学习"的官方网站如图 3-4 所示。

图 3-4　酷学习的官方网站

整体来说，B2C 模式在线教育向个人用户收费较难，主要是因为随着"互联网免费"思维的广泛，越来越多的项目试图通过免费服务来获取大量用户。因为网络上有大量的免费同类产品，这就使得 B2C 项目的盈利变得越来越难。

3.3.3　C2B 型在线教育模式

C2B 型在线教育模式是消费者对企业的一种关系，是互联网经济时代新的商业模式。

C2B 型在线教育模式和我们熟知的先有供应，然后有需求的供需模式是恰恰相反的。真正的 C2B 型在线教育应该是先有消费者需求而后有企业生产，即先有消费者提出需求，后有生产企业按需求组织生产。

在在线教育领域，C2B 型在线教育通常是学习者先需要某方面的知识，教学机构了解之后再提供相应的教学服务，这是一种个性化的定制关系。

目前 C2B 型在线教育的创业项目相关信息不明，主要是这种定制模式存在很大的随意性，但是从受众者角度而言，这种模式应该是未来的发展趋势之一。

在线教育的 C2B 型模式相关内容主要有以下 3 个方面。

预售下的定制

线上教育机构能够通过多种方式较全面地了解学员的整体要求，同时再通过学员在平台填写的信息可以了解到每位学员的需求，从而提供定制的教学服务。

线上教育的定制包括了整个过程，是在教学平台预售课程的情况下的个人定制，与传统意义上的 C2B 模式还是有些出入的。

| 随时调整模式 | 在线教育的 C2B 模式具有很强的可调控性，无论是线上教育还是线下教育的课程都采取预售的模式，人们只能了解课程的大概内容，无法了解课程的详细内容，这就方便平台管理者根据实际情况随时调整模式。 |

| "一对一"的服务 | 在线教育行业很早就存在"一对一"服务，主要集中在外语学习领域。C2B 模式会促进线上"一对一"模式的形成和发展，同时与线下的"一对一"服务形成完整的学习环。对于学员而言，就能够更容易地通过网络学习到想要的知识。 |

3.3.4　C2C 型在线教育模式

C2C 型在线教育模式是指个人对个人的一种关系，同样属于互联网经济时代的商业模式之一。

平台式的 C2C 在线教育项目在国内很多，目前 C2C 型的创业项目总数近 100 个，半年新增项目占总体新增项目的 12%，平均投资金额达 100 万美元。

可汗学院和多贝网都属于 C2C 型，其中可汗学院的意义对整个在线教育行业影响相当大。这类教育网站的规模很容易扩大，但是网站内容质量并不高，即使是可汗学院，在纯粹学习的知识水平上也是有限的。

C2C 型的在线教育平台发展较为缓慢，主要是个人对个人的模式，在发展前景上有限。与在淘宝购物一样，卖家的物品难免有些主观或客观的问题，买家买到自己满意的物品自然没有问题，但是如果没有买到满意的物品，那么这就是一次性买卖了，买家此后可能不会再在这家淘宝店购买任何物品了。

对于在线教育而言，如果用户群体的黏性太差，平台也就失去了存在和发展的根基。纯平台 C2C 教育网站因为没有足够的高质量教育资源，从而导致其没有足够愿意付费的用户因此短期内不可能大幅度商业化。

目前除了个人的 C2C 平台模式外，也有机构或平台提供 C2C 模式供教师和学生选择，其特征是搭建网络教学和交易平台，绕开传统的教育培训机构，使教师和学生直接通过网络平台进行教学和交易，平台只收取一定的手续费。

这种模式在网络信息高度发达的今天，可使从事在线教育的教师的收入水平超过某个培训机构的教师的收入。

还有一种方式就是将 B2C 和 C2C 相结合，个人提供一部分有质量的内容，然后放在平台中，让这部分内容带动优质 C2C 内容进行收费，这种方式在目前环境下的可行性不太大。

3.3.5 B2B2C 型在线教育模式

B2B2C 型是在线教育的主流方式，通过与机构合作，个人、教师入驻的形式，向学习者提供在线网络授课资源。

国内 B2B2C 型的创业项目总数达 46 个，半年新增项目占总体新增项目的 4%，平均投资金额达 700 万美元。

目前较有影响力的平台有网易云课堂、YY 教育、51CTO、腾讯教育等，如图 3-5 所示，为网易云课堂的官方主页。

图 3-5 网易云课堂的官方主页

3.3.6 其他在线教育模式

除了以上 5 种界限分明的商业模式之外，国内的在线教育市场还存在一些其他的商业模式，其中有些是不同模式的融合，比如 B2C 与 C2C 的融合。

根据好未来教育集团发布的《中国在线教育行业图谱》中的资料显示，其他类型的在线教育模式创业项目总数达到近 250 个，半年新增项目占总体新增项目的 21%，平均投资金额达 253 万美元。

在线教育机构的发展缺少不了融资，各种类型中 B2C 的融资环境最为成熟，C2C 则是刚刚起步。对于初创企业而言，如果进入在线教育领域，需要对平台本身的定位进行分析，确定自身的商业模式类型，才能够持续发展。

3.4 K12 教育详解

K12 教育中的 K 代表 Kindergarten，意为"幼儿园"；"12"代表从小学到高中

12 年的中小学教育，K12 是国际上对国家基础教育的统称。目前 K12 教育是国内在线教育发展的主力领域。

3.4.1 三个原因的促进

K12 领域的在线教育之所以能够获得大众的支持，原因有很多，其中最主要的原因有以下三个方面。

3.4.2 三个重要的因素

K12 教育领域的在线教育机构，需要注意的三个重要因素分别是学生、教师和家长。历经了将近 20 年的发展，K12 在线教育行业还没有完全取得成功，目前对于这三个重要因素的探究就非常有必要。

各个因素的具体相关内容如下所示。

三个重要的因素

学生

在目前的教育中，尤其是在 K12 教育阶段，绝大多数学生是非主动地去学习的，所以教师除了讲课以外，还需要对学生进行管理。在线教育的模式很难做到管理这一方面，模式侧重于教学本身，可能老师讲学的视频开着，学生却在看电影。这种情况除了一对一模式之外其他模式都较难解决。

教师

抛开教学资源这个事实，在线教育对教师的影响或许不仅仅只是教学方式的转变，而是在线教育的模式会使教师失业。虽然并不是所有教师都对在线教育模式抱有好感，但年轻教师更容易接受这种新事物。

家长

家长是 K12 教育中必不可少的一个因素，因为家长是教育服务的购买方，但不是接受方。因为在线教育缺少一定的作业和考试等强制手段，所以对提高孩子的学习效果并不是很明显，这就使得部分家长对在线教育产生了怀疑。因此家长对待在线教育的态度就决定了未来 K12 在线教育行业能否获得真正成功的发展。

3.4.3 三种典型的产品

在 K12 在线教育领域中已有不少项目取得了一定的成功，它们正在潜移默化地影响着大众对于在线教育概念的认识。尽管 K12 教育领域涉及的问题很多，比如教育体制问题、高考改革去向、家长教育意识问题、学生空闲时间管理等，但是对于其中成功的典型产品进行分析，还是相当有用的。

下面从语、数、外三科的学科角度分析三种收费的在线教育产品。

第一种：悟空识字

"悟空识字"是一款为低年级儿童开发的识字软件。它利用《西游记》中的经典场景，以 Flash 识字游戏的形式，让孩子快乐高效地去完成整个学习过程。如何让儿童自主学习是所有学习软件面临的主要问题，但是"悟空识字"解决了这个问题，目前付费用户达 300 万。

第二种：一起作业网

"一起作业网"的模式是在线教育垂直化的一个经典模式：老师在网上布置作业，学生在网上完成作业，家长在网上查看作业。平台通过整合学生的学习数据，针对学生的不足提供个性化的增值服务。目前注册用户达 1000 万。

第三种：51Talk

"51Talk"打造的是无忧英语教育模式，以一对一的线上培训为主，直接与海外的老师进行连线，便利的学习环境使用户能够高频率、短时间、持续性地进行有效学习。"51Talk"的课程分主修课，专业课和选修课三类。目前"51Talk"在英语在线教育领域的影响巨大。

这些在线教育项目成功的原因，总结起来主要有以下几点。

提高效率　对于受众群体而言，无论是哪一种产品，提高学习效率是对平台的首要要求，而这三个项目分别用不同的方式都做到了这一点。

降低成本　廉价而有效的产品是存在和发展的基础，家长们不是没钱，而是想要获得更低的价格，同时获得成果。

改变模式　在线教育的最大特色就是改变传统的教学模式，对于互联网时代出生的孩子们而言，这种方式更受他们的欢迎。

3.4.4　三种运营的模式

对于已经在在线教育领域中取得一定发展的教育平台而言，运营中的每一个决策都十分重要，甚至关系到平台的生死，所以谨慎小心地走好每一步是必须做到的。

每个平台都会对运营模式有所探索，尤其是涉及未来的可能盈利问题。不同的平台选择了不同的运营模式，完全相同的复制型平台是没有发展空间的。现阶段的 K12 在线教育领域中，教育手段主要是为应试教育而生，提高分数是所有参与者的共同要求，所以这种现状决定了被大多数平台采用的三种运营模式的出现，即直播录播模式、个性辅导模式和解题答案模式。

三种运营模式的具体内容如下。

直播录播模式

这种模式是传统的教育模式在互联网思维上的初级加工，也是在线教育领域中出现最早的运营模式，主要以"一对多"的单方面教学为主，与受众的互动在课后的环节中进行。

大部分的教育平台或多或少地采用了这种模式，比如 TAB 三巨头各自的在线教育平台就是以直播录播内容为主。

该模式的优点在于大部分课程都是免费的，能够获得广泛的受众群体，为未来的盈利做准备。

该模式的缺点在于课堂后的互动效果有限，需要学习者主动去找老师，并且老师也不一定能够及时回复，受众的流动性极大，能够完整完成整个学习过程的人较少。

个性辅导模式

个性辅导的思维出现同样来源于传统教育中的教学模式，老师对于一部分学生进行课后的辅导教育以提高其成绩。在互联网时代，在线教育中的个性辅导往往不是免费的，"一对一"的教育模式效果是有目共睹的。

主打个性辅导的平台有"微师"等，老师与学生进行实时语音与电子白板互动，能够让老师的教学如同传统教育一样有效。

该模式的优点在于传统教育辅导方式与互联网进行了完美融合，使受众学习更方便而且效果明显。

该模式的缺点在于课程往往是付费的，而且费用不会太低。因为这笔费用不仅仅有老师的收入，还有平台的收益。

解题答案模式

这种模式之所以能够获得极快的发展，导致目前市场上出现了各种各样的答案解析软件或平台，原因就在于需求市场实在太广泛。目前这种模式除了解题思路，还提供社交服务功能，从而获得更多的受众。百度作业帮依附于百度强大的搜索功能而出现，影响相当广泛。

该模式的优点在于容易获得用户，并且用户每天都有需求。

该模式的缺点在于不能帮助使用中的大部分受众提高学习水平。

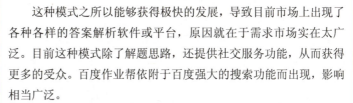

第 4 章

国外在线教育的现状与启迪

在线教育模式这些年的发展潮流主要是从国外开始的，比如可汗学院出现在美国；英国政府早在二十年前就对在线教育投入大量经费；韩国则是世界上推行电子课本教学力度最大的国家。

本章主要分析国外三个典型国家的在线教育现状，了解其成功模式，重点介绍其给国内教育机构带来的思考与启迪。具体内容分为三个部分，分别是教育基本概况、教育盈利模式、教育实例启迪。

	美国教育现状发展状况
国外在线教育的现状与启迪	英国在线教育发展状况
	韩国在线教育发展状况

4.1 美国在线教育发展状况

美国在线教育起步较早，整体市场比较成熟，有着非常深厚的过程积累。

除了可汗学院的出现之外，真正意义上的美国在线教育发端于以大学为主的远程教育模式。其中的典型代表有两个大学，分别是凤凰城大学和大峡谷大学。这两个大学在在线教育领域的发展情况如下。

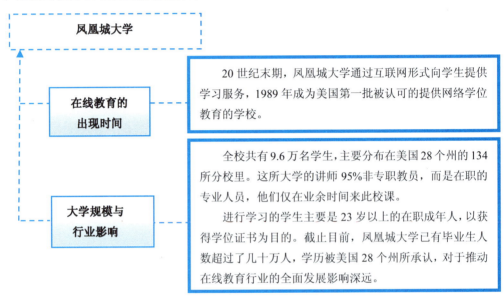

凤凰城大学

在线教育的出现时间

20 世纪末期，凤凰城大学通过互联网形式向学生提供学习服务，1989 年成为美国第一批被认可的提供网络学位教育的学校。

大学规模与行业影响

全校共有 9.6 万名学生，主要分布在美国 28 个州的 134 所分校里。这所大学的讲师 95% 非专职教员，而是在职的专业人员，他们仅在业余时间来此校课。

进行学习的学生主要是 23 岁以上的在职成年人，以获得学位证书为目的。截止目前，凤凰城大学已有毕业生人数超过了几十万人，学历被美国 28 个州所承认，对于推动在线教育行业的全面发展影响深远。

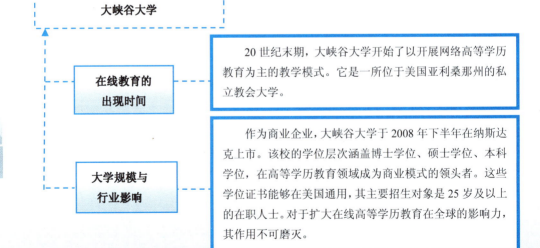

大峡谷大学

在线教育的出现时间

20 世纪末期，大峡谷大学开始了以开展网络高等学历教育为主的教学模式。它是一所位于美国亚利桑那州的私立教会大学。

大学规模与行业影响

作为商业企业，大峡谷大学于 2008 年下半年在纳斯达克上市。该校的学位层次涵盖博士学位、硕士学位、本科学位，在高等学历教育领域成为商业模式的领头者。这些学位证书能够在美国通用，其主要招生对象是 25 岁及以上的在职人士。对于扩大在线高等学历教育在全球的影响力，其作用不可磨灭。

在线学历教育有需求市场，同时受众也更有支付能力，这两个原因促使了美国在线教育行业全面发展。

4.1.1　基本概况

美国的在线教育行业发展很早，目前不仅机构数量众多，学员的参与度也比较高，可以说在线教学模式早已风靡美国教育界。

当国内的在线教育行业在 2012 年迎来行业发展拐点的时候，美国的几乎所有顶尖大学同年陆续设立了网络学习平台，开始全面性的网上免费课程，建立在线教育全国体系。

美国国内的课程提供商主要是 Coursera、Udacity、edx 三家企业。这些企业发展的成功，给更多学生提供了系统学习的可能。需要注意的是，与国内更注重 K12 教育领域不同，这些平台的课程全部针对高等教育，因为美国的教育要求原本就是侧重于高等教育。这些企业除了提供免费的课程之外，还各自创建了一套属于自己平台的学习和管理系统。美国教育类的上市公司有很多，下面选取其中的一部分对其市值和业务范围进行大概介绍，如表 4-1 所示。

表 4-1　部分美国教育类上市公司相关信息

公司名称	公司市值	业务范围
阿波罗集团公司	57.9 亿美元	高等学历教育、职业发展领域、国际大学
华盛顿邮报公司	37.2 亿美元	高等教育、备考辅导、职业教育、少儿教育
德锐公司	33.4 亿美元	专注于职业教育
教育管理公司	23.8 亿美元	专注于技能培训
金宝贝集团	17.9 亿美元	专注于早教领域

相对于国内在线教育尚不明朗的盈利状况而言，美国的在线教育类公司在盈利方面已经做到得心应手，接下来的一节将具体分析美国的在线教育盈利模式。

4.1.2　盈利模式

美国的高等学历教育体制与中国不同，大学并非国有制，而是分州立大学、教会大学和私立大学三类。这些机构是独立进行经营的，同时拥有自发文凭的资格，主要就是以盈利为目的。所以在美国，高等教育所占的市场份额远比国内所占市场份额要高。根据相关数据统计，2014 年美国高等教育所占市场份额为 34%，达到整个在线教育市场的三分之一。

除了高等学历教育之外，在美国，基础教育和培训教育所占的市场份额也很高，尤其是基础教育占到整个市场份额的 50%。与我国的在线教育相比，美国的在线教育市场中盈利模式更加多样化。下面从基础教育(K12)、高等教育和培训教育三个方面对美国在线教育的盈利模式进行分析。

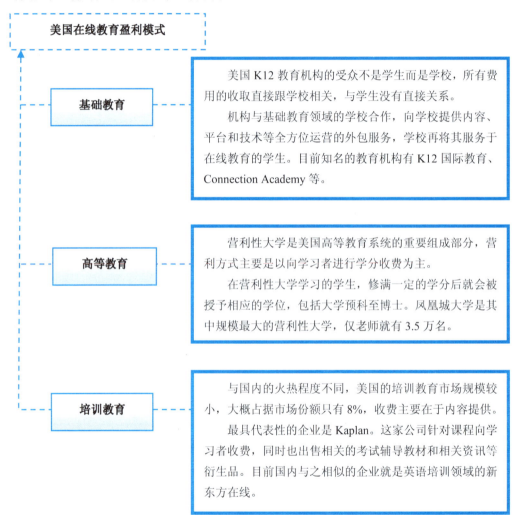

美国在线教育盈利模式

基础教育

　　美国 K12 教育机构的受众不是学生而是学校，所有费用的收取直接跟学校相关，与学生没有直接关系。

　　机构与基础教育领域的学校合作，向学校提供内容、平台和技术等全方位运营的外包服务，学校再将其服务于在线教育的学生。目前知名的教育机构有 K12 国际教育、Connection Academy 等。

高等教育

　　营利性大学是美国高等教育系统的重要组成部分，营利方式主要是以向学习者进行学分收费为主。

　　在营利性大学学习的学生，修满一定的学分后就会被授予相应的学位，包括大学预科至博士。凤凰城大学是其中规模最大的营利性大学，仅老师就有 3.5 万名。

培训教育

　　与国内的火热程度不同，美国的培训教育市场规模较小，大概占据市场份额只有 8%，收费主要在于内容提供。

　　最具代表性的企业是 Kaplan。这家公司针对课程向学习者收费，同时也出售相关的考试辅导教材和相关资讯等衍生品。目前国内与之相似的企业就是英语培训领域的新东方在线。

74

4.1.3　实例启迪

　　在美国规模不一的众多教育内容提供方中，Coursera 可以作为一个典型案例。因为其倡导的 MOOC 学习理念极具颠覆性，在全球范围内影响深远，目前 Coursera 已经和四大洲的 83 个教育机构展开合作，为全世界 400 万名学生提供 400 门免费课程，与 Udacity、edX 一起被称作 MOOC 教育的三座大山，并且 Coursera 已经与国内教育机构有所接触。

2014 年 7 月，网易公开课宣布和 Coursera 达成战略合作，网易将为 Coursera 提供视频托管服务，并在网易公开课开设 Coursera 官方中文学习社区，上海交通大学和复旦大学同月也宣布与 Coursera 建立合作关系。2015 年 4 月 8 日，Coursera 宣布将与新东方展开战略合作，Coursera 将为新东方提供来自世界各地 117 所大学 25 个学科领域的全部课程共计 989 门，这些课程将会放到新东方的高校 MOOC 平台上。

1. Coursera 案例内容

Coursera 由斯坦福大学两名电脑科学教授安德鲁和达芙妮联合创办，2012 年 4 月份开始，以免费的大型公开课形式向所有的学习者提供世界顶尖大学的一系列课程。平台发展速度惊人，不足一年的时间里吸引了全球 190 多个国家和地区的 130 万名学生，注册学生有 2/3 来自海外，其中中国学生人数占海外人数的 40%左右。

平台的最大意义在于联合了美国的诸多高校，对顶尖的教育资源进行整合，构成一个完整的在线教育的学习链，完善的学习模式将在线教育在美国的发展进一步推向高潮。

目前，Coursera 主要在三个方面探索机构盈利的商业模式，具体内容如下。

课程收费：课程收费是在美国被广泛采用的商业模式，就等同于商品买卖。学习者选择自己想要学习的课程并支付一定的费用，而平台可以从中获得一定的利润。这种商业模式最为明了。

证书收费：学完一门课程并支付一定的费用获取课程学习认证证书，这种商业模式是在课程收费基础上更加完善，受众就是需要证书而不仅仅只是学习课程的群体。平台通过授予合作高校证书向学生收费，学习选择相关的高校课程进行学习。需要注意的是，这种证书的含金量不是国内的在线教育证书所能相比的，美国的网络教育证书几乎与现实中的教育证书同等价值。

证书收取的费用中，合作高校会获得其中的一部分费用。根据 Coursera 与密歇根大学的一项协议推测，高校的利润为一个学生提交总费用的 6%到 15%，按照美国的在线教育规模，每个参与其中的高校获利都相当多。

招聘收费：这是属于平台未来主营的就业服务项目，该项目会向参与的雇主提供一个满足他们要求的学生列表，该列表通常都会显示相关条件符合的优等生。如果某个学生满足公司要求，Coursera 就会通过邮件方式询问学生是否有意被介绍给该公司，如果双方都同意，那么在学生就业之后，平台向雇主收取一定的费用。目前招聘收费效果还待检测，平台主要的收益来源还是证书收费。

2．Coursera 案例启迪

从本案例的相关方面出发，对于国内在线教育行业的参与者而言主要有以下几个方面的启迪。

> 第一，教育的核心始终是知识，能够提供知识的平台就是未来发展潜力无限的平台。即使平台本身并没有资源，但是善于利用高校，以合作的方式去获得资源，就是一种成功。

> 第二，市场受众的准确定位，国内的基础教育和高等教育领域的发展潜力远比美国大，但是这个巨大的市场开发需要相当长的一段时间，并不能取得立竿见影的成功。

> 第三，中国大学内的网络学院有很大机会直接成为在线学历教育主力军，通过教育资源的整合，提供便捷的教育服务。唯一需要考虑的就是，怎么样让证书在市场中显得更有价值。

> 第四，未来的教师行业竞争会加强，尤其是顶尖级的教师群体，优秀的师资资源将成为在线教育的领跑者和内容创造者，而影响力有限的教师则会逐渐成为不起眼的配角。

• 专 家 提 醒

国内环境与国外环境的不同点较多，比如社会体制、教育环境、公众压力和学习目的等，使中国与其他国家在教育方式和情况上不同，在美国取得成功的在线教育模式已经被认为只一部分适用于中国，并不能全盘吸收。中国的应试教育所强调的主要是老师教与学生学的模式，中间的互动环节向来不被重视，对于互动学习的需求并也就有限。从实际上来说，未来帮助应试和寻找工作的传统项目在中国依旧最受欢迎。

4.2 英国在线教育发展状况

益普索是以调查市场研究活动为主的消费者组织，根据机构的调查显示，在英国，4 个年轻人之中有 1 个接受过家教或课外机构的辅导。在英国首都伦敦，甚至 10 个年轻人中有 4 个接受过课外机构辅导，其中包括传统家教授课方式。

英国的在线教育发展状况紧跟美国，尤其是在高等教育方面与美国基本上保持一致，在美国可行的在线教育模式在英国也取得了长远发展。唯一不同的是，英国整体上的在线教育发展历史比美国要长，并且国家对于在线教育投入的力度相当大，有利于在线教育行业发展的大量经费直接由国家的教育费用支出。经过近二十年的累积，英国对在线教育行业的投入已经达到了一个天文数字。

4.2.1 基本概况

在英国，在线教育之所以获得广泛的认可，主要有三个因素，首先是价格优势，相比于传统家教每小时 40 英镑，大约 390 人民币的价格，在线教育每小时的费用最低只需要 15 英镑，大约 146 人民币，甚至更低。其次是更方便的选择，家长可以为学生选择更加合适的教师。最后是网络教育的方式更加方便。

英国在线教育平台 My Tutor Web 创始人罗伯特格令纳认为，在英国有三类家长格外青睐在线教育，分别如下。

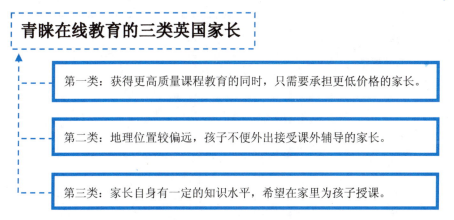

在英国，课外辅导机构开始涉足在线教育，但是这种模式主要是将他们的线下教师团队放到网络上，目的是增加网络课程的运营方式，提供给同一个学习者更多的教师资源，便于提高其学习能力。

需要注意的是这些机构中的一些较有特色的模式，比如伦敦的课外辅导机构 Simply Learning Tuition，就是在线下课外辅导的同时，开通了在线教育服务。机构的教师通过模仿真实的教学场景，包括背景布置等，对学生进行一对一的在线面试辅导，同时进行在线小组讨论互动。机构的收费相对较高，在线收费和线下收费保持一致，大概 565 人民币每小时。

还有一种在国内应用较少的方式就是类似于 Kings Tutors 平台的方式。在线教育机构的教学由线上了解到线下教学，再回到线上教学。机构内的老师可以先为学生提供几堂面对面的课程，如果学生住得远的话，老师还可以上门家教，在学生对老师有一定的认识并认可了其教育方式之后，就可以开始在线教育了。

与此同时，英国的一些学校也在谋求与在线教育服务商的积极合作，其中较典型的方式是利用政府的学生午餐津贴给特殊学生群体提供在线教育，帮助他们提高个人考试成绩。

4.2.2 盈利模式

英国的教育盈利模式与美国基本保持一致。但是因为英国的在线教育特色与美国有所不同，英国的特色在于师资力量相当高。英国伦敦聚集了世界上大部分最优秀的教授级别教师，同时国家花费大量资金建立的在线教育服务系统，远比美国需要靠教育机构提供服务的方式要完善，所以体现在盈利模式上会有一定的区别，具体内容如下。

英国在线教育盈利模式

基础教育

英国的全国基础教育系统相当完善，所以在线教育机构在基础教育领域的盈利，主要来源于家教一对一或一对多的辅导形式。

家教辅导收费模式都较为单一，由于模式自身的特性限制，辅导主要以内容提供为导向，收费一般都针对课程内容及老师水平，未来这一模式也将持续存在。

高等教育

与美国类似，由于在线教育的成本较低，英国的很多知名院校逐渐通过引入虚拟化校园管理，平台课程共享等形式提升资源的使用效率。

营利性大学目前是英国在线高等教育的最大细分市场，还有一种就是提供技术服务的平台。School Jotter 是目前英国排名第一的学校网站建设者和在线学习平台，为英国上千所学校提供在线平台和软件建设。

培训教育

英国的培训教育市场规模同样较小，收费方式与提供的内容有关。

比如英国约克大学不仅设有为在校本科生及研究生提供的网上教学系统，同时还有为各类在职人员提供执照类培训的课程。学校通过运用大型开放式网络课程网路来处理大众的互动与回应，进行随堂测试与考试等。

4.2.3 实例启迪

英国的在线家教服务网站 MyTutorWeb 是一个典型案例。

平台自 2013 年开通以来，提供了 3500 个在线家教课程，教师来自著名的牛津大学、剑桥大学、罗素集团等，平台提供的服务是纯商业模式化的，以较低的价格为孩子们提供高质量的、一对一的在线教育。学生们在线学习的价格为每小时 17 英镑，价格相对较低，英国家长们对于这种商业模式相当认可。

平台对于老师的要求极高，最开始时平台收到了超过 2000 人的任教申请，而最后的通过率仅为 10%，因为这些人必须通过面试，测试他们的学科知识、教学能力和沟通技巧，这远比国内要严格。正式签订协议之后，每个进行在线教育的老师最多只能同时教 3 名学生，以保证他们与学生沟通的时间和教学质量。可以说，英国的在线教育之所以价格整体较高，主要在于任职教师的资质和教学服务的态度是无可挑剔的。

网站主要对英国国内的学生开放，但是也对国外学生开放。

·专家提醒

针对基础教育的在线教育模式，在全球都普遍适应，但是国内相对而言盈利并不大，在教学模式、平台模式基本一致的情况下，唯一可以拉开与其他平台的差距的决定因素在于师资力量。学生如果可以在平台上看到每个老师的简历，同时有一到两节的免费听课机会跟老师面对面交流，了解老师的实际教学水平，从而也就对在线教育模式会更加认可，对平台的认可度也会随之上升。

老师的教学技巧不是凭空得来的，需要一段时间的积累。同时，老师对待用户的态度也极其重要，严谨的教学方式与优秀的教学质量相结合，用户自然就愿意买账。

4.3 韩国在线教育发展状况

在中国的周边国家里，韩国的教育环境跟中国更为相似，孩子能否考上大学很重要，上什么样的大学更重要，甚至能决定一个人的一生。所以，家长为了孩子的教育舍得花钱。

另外，韩国政府对在线教育发展的支持极具魄力，甚至比英国更加愿意将国家费用用于在线教育。韩国不仅仅是世界上推行电子课本教学力度最大的国家，更是对提升国内企业竞争力做出极大支援的国家，对企业内教育费用有高达 90% 以上的援助，这对全国在线教育的整体发展有非常大的促进作用。

4.3.1 基本概况

早在 2009 年，韩国用于公共教育的经费就已经达到了 55 万亿韩元，占到其国内生产总值的 6%。与此同时，私人的教育支出超过了 20 万亿韩元。韩国在线教育发展较早，从 2000 年开始，每年保持着 10%的稳定增长率，市场规模目前已经达到 3 万亿韩元，约合 180 亿人民币。

在线教育在韩国的发展体现在两个方面，一个是韩国在线教育的从业者和从业企业数量急剧增加，另一个是政府对在线教育的支持力度仍在不断扩大。在近十年的发展中，韩国的整个教育行业由于线上教育的发展，已经出现了很大变化。这种变化很有可能就是未来中国的教育行业变化，需要国内在线教育的从业者特别注意，具体的内容分为以下两个方面。

传统教育机构变化 ➡ 传统的大型线下教育机构基本上都被线上教育机构所取代。这些传统机构除非具备一定的线上能力才能生存下来，纯粹的传统教育机构已经不复存在。

教育企业胜败已分 ➡ 韩国的在线教育行业同样经历了初期发展，大量的企业出现，虽然目前也不断有企业进入在线教育行业，但主要进入的是细分市场，影响力较大的在线教育企业之间已经有了明显的胜败之分。胜败关键就是取决于教学内容和技术力量的差距。

目前，根据相关的数据显示，在韩国所有经营在线教育的公司中，当年纯盈利在 100 亿韩元以上的只占到整体的 2.7%，这部分企业分走了在线教育产业所有盈利的将近一半。盈利额度不满一亿韩元，也就是大约 55 万人民币的小规模教育企业共 874 个，占总企业数的 53%，盈利额度只占到了整体的 1%。韩国在线教育行业中的企业巨头化趋势已经十分明显，就像国内 TAB 三巨头在整个互联网的影响力一样。

在国家支持的具体方面，韩国政府根据 2012 年智能产业状态的调查结果，颁布了多项措施，如给予去海外交流的企业进行本地化的支持；对于缺少资金和海外交流经验，但又有意愿去海外进行交流的中小企业给予资金支持；政府部门主动发掘寻找可以国际化的项目产品进行国际化改造等。同时，促进亚细亚远程教育大学的建立也是韩国教育部大力推进的一项重要举措，对于未来整个国家的在线教育体系完善具有重要作用。

4.3.2　盈利模式

韩国的社会环境与中国类似，所以在线教育行业的盈利模式也大致相同。

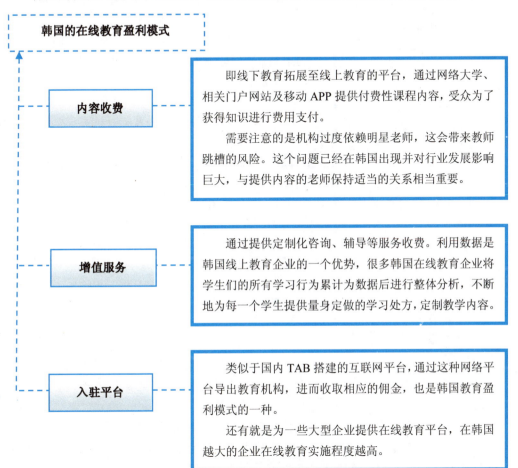

韩国的在线教育盈利模式

内容收费

即线下教育拓展至线上教育的平台，通过网络大学、相关门户网站及移动 APP 提供付费性课程内容，受众为了获得知识进行费用支付。

需要注意的是机构过度依赖明星老师，这会带来教师跳槽的风险。这个问题已经在韩国出现并对行业发展影响巨大，与提供内容的老师保持适当的关系相当重要。

增值服务

通过提供定制化咨询、辅导等服务收费。利用数据是韩国线上教育企业的一个优势，很多韩国在线教育企业将学生们的所有学习行为累计为数据后进行整体分析，不断地为每一个学生提供量身定做的学习处方，定制教学内容。

入驻平台

类似于国内 TAB 搭建的互联网平台，通过这种网络平台导出教育机构，进而收取相应的佣金，也是韩国教育盈利模式的一种。

还有就是为一些大型企业提供在线教育平台，在韩国越大的企业在线教育实施程度越高。

4.3.3　实例启迪

下面主要介绍在韩国较有影响力的在线教育企业 Megastudy 的相关情况，及其在中国市场的探索经历，使读者能够从中有所体会。

韩国 Megastudy 企业

企业相关资料

Megastudy 公司 2000 年成立，目前有 11 个分公司，提供课程涵盖小学、初中、高中、成人各个阶段。

目前每年韩国高中毕业生 60 万，其中 30%是 Megastudy 公司的注册学员，10%是 Megastudy 公司的付费学员。企业中最优秀的老师单个人一年能为公司贡献折合 1.8 亿人民币的营收，而其中老师能够分到四分之一。作为韩国最大的在线网络培训机构，Megastudy 被韩国人誉为对教育和网络狂热追求的完美结合体。

中国市场探索

Megastudy 在 2009 年开始进驻中国，2010 年 Megastudy 跟华南师范附属中学合作建立爱学网，期望寻求中国课辅市场里中、高考领域的一席之地，但是经过一年多的努力之后发现 Megastudy 模式在中国行不通。2011 年，Megastudy 牵手上海昂立教育，投入人民币 2000 万元的巨资创办以在线考研培训为核心业务的高学网，目前在国内影响力也相当有限。

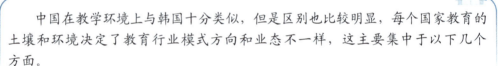

•专 家 提 醒

中国在教学环境上与韩国十分类似，但是区别也比较明显，每个国家教育的土壤和环境决定了教育行业模式方向和业态不一样，这主要集中于以下几个方面。

首先中国国内没有被大众公认的教育名师，而韩国的名师影响力广泛，会产生明星效应，吸引大批学生追随；其次是中国学生自主的学习动机不够，国内传统教育主要培养了学生的被动学习能力，老师和网络学习资源并不能够直接解决孩子学习的自觉性问题；最后地理范围不同，韩国的地理面积只有中国一个省那么大，但在中国，在现行的教育制度下，考试题目、教学教材与考试的分数线要求都不一样，老师的教学被认可程度也不一样。所以对于韩国的在线教育模式，国内可以进行借鉴但不一定绝对实用。

模 式 篇

模式篇

在线教育模式：慕课

慕课的应用与案例

在线教育模式：微课

微课的应用与案例

商业模式的现在：教育中
模式的探索阶段

商业模式的未来：在线教
育 O2O 的主流趋势

第 5 章

在线教育模式：慕课

慕课也就是大型开放式网络课程。这种大规模的开放式在线课程是一种教育教学模式上的创新，其本身属于在线教育模式中的一种。它的发展带动了整个在线教育市场的发展。

本章主要介绍慕课模式的相关信息，包括四个方面，分别是慕课模式的出现、慕课教育的特色、慕课教育的因素和慕课存在的问题。从全面的角度对慕课进行分析，了解国内慕课的动态和发展。

在线教育模式：慕课

- 慕课模式的出现
- 慕课教育的特色
- 慕课教育的因素
- 慕课存在的问题

5.1 慕课模式的出现

清华大学自 2014 年在慕课平台"学堂在线"上推出"马克思主义基本原理"课程以来，选课人数已突破 2.4 万，其中校外选课者超过 2 万。

MOOC，英文全称为 Massive Open Online Course，译为"大众公开在线课程"，"慕课"是其中文音译名，如图 5-1 所示。

图 5-1 MOOC 的含义

与传统教育课程不同的是，慕课具有规模性、在线性和开放性。正常情况下一门较有影响力的慕课会吸引上万人参加，这种规模远不是传统教育能够相比的；慕课是完全网络化的教学方式，对于学习者而言没有任何限制，包括上课时间和上课空间，甚至学习进度都是由学生自己确定的；慕课自从一出现就是面向全世界开放，没有任何学习者资格限制。慕课的这些特点，使其被誉为"自印刷术发明以来教育最大的革新"，更是引领了整个在线教育行业对传统高等教育课堂的冲击。

慕课是为了增进知识传播，而由具有分享和协作精神的个人或组织发布的、散布于互联网上的开放课程。这些课程将遍布世界各地的授课者和学习者通过一个共同的话题或主题联系在一起，经过循序渐进的教学过程使学习者获得专门知识。下面具体分析慕课出现的相关资料，以便读者对慕课形成整体的认识。

5.1.1 慕课的起源

2012 年，一场由哈佛大学、斯坦福大学、麻省理工学院等世界顶尖名校掀起的教育改革——"慕课风暴"，震动了整个高等教育界，引发了各界的密切关注，促使人们对这一新型教学模式进行审视。

这次出现并不是慕课的首次亮相，但是在慕课的发展过程中影响深远。早在 2001

年，美国麻省理工学院在网上公开了免费的课程，进行教育资源的全球共享。当时的慕课模式比较简单，主要是学习者对着教学视频自学，相关的慕课学习系统的建立是在 2007 年之后。

慕课的前期起源与阶段性的发展可以用慕课领域三巨头 Coursera、edx 和 Udacity 的出现作为节点，具体内容如下。

2001 年　麻省理工学院在网上公开了免费的教学课程，进行教育资源的全球共享，慕课的初期表现形式建立。

2007 年　犹他州州立大学的怀利将自己的教学视频放在网上开放，吸引诸多网友点击，成为大型开放式网络课程的原型。

2008 年　加拿大的 Dave Cormier 和美国的 Bryan Alexander 正式提出慕课概念，慕课基本模式开始成熟。

2011 年　来自 190 多个国家的 16 万人同时注册了斯坦福大学的一门《人工智能导论》课，这种影响力直接催生了 Udacity 公司。

2012 年 4 月　斯坦福大学两位教授创立 Coursera 网站提供在线免费课程，很快获得来自硅谷的风险投资，企业规模迅速成长。

2012 年 5 月　MIT 和哈佛大学宣布整合两校师资，联手实施 edx 网络在线教学计划，第一门课《电子和电路》即有 12 万名学生注册。

2013 年　包括清华大学、北京大学、香港大学、香港科技大学、日本京都大学和韩国首尔大学等 6 所亚洲高校在内的 15 所全球名校宣布加入 edx。慕课模式影响力波及全球，整体发展进入新时期。

5.1.2　国际的发展

国际在线教育行业公认 2012 年为国际"慕课元年"，这一年多家专门提供慕课

一本书读懂在线教育

平台的供应商纷纷加入竞争，目前美国慕课三巨头都已进入中国市场开始发展。

慕课作为主要由西方发达国家开发的教育形式，与我国的教学环境还是有一些冲突，所以这些国际慕课巨头在中国的发展并不是一帆风顺，目前的影响力都较有限。但是整体而言，"慕课风暴"标志着教育开始真正走出工业文明，通过互联网进入信息时代。

在线教育目前几乎波及所有国家，包括发达国家和发展中国家，即使是不发达国家也出现了在线教育的萌芽。以近邻日本的在线教育为例，在日本，为了消除因地理、经济方面原因造成的教育水平差距，通过网络进行的在线学习服务正在不断增加。在网络学习中不仅可以自由选择教师，还能够对学习成绩不理想的儿童进行辅导，在线学习服务可谓内容丰富。在线教育的这种特点让所有国家都意识到这一场改革是国家教育部门必须要注意的，这在未来将决定着教育的走向。

在日本，公益化的在线教育模式已经被广泛接受，日本仙台市一家帮助儿童学习的非营利性组织在 2014 年 5 月导入了公益互助系统。以初中生为主，包括小学高年级学生在内的大约 100 人利用了这一服务，使少数人向多名儿童同时提供一对一的教学帮助成为可能。这也是未来国际在线教育往公益化方面发展的趋势体现。

目前国际在线教育除了范围面在不断扩大，如向公益领域、众筹模式等逐渐合二为一之外，还有一个明显的趋势就是发达国家的在线教育机构在体系完善的情况下，开始向国外扩张，尤其是美国向欧洲国家的扩张。相对而言，这些发达国家的国家体系比较类似，社会整体对于在线教育的模式认可度也相当高，从而更易于在线教育模式的应用。

但是国际通行的在线教育模式在中国成功的案例极少，几乎没有形成特别的影响力，即使是以中国教师为主，国外教育机构主导的教学模式也没有很成功的案例。一方面是因为中国在线教育领域的机构还处于发展期，虽然已经出现了一些合并和倒闭的现象，但是大鱼相争的局面还没有完全形成；另外一个方面是因为中国的教学条件和教学环境决定了国外通行的在线教育模式不能完全地适用于中国。

5.1.3　国内的发展情况

2015 年 9 月 16 日中国在线教育高峰论坛在上海成功举办。本届论坛以"科技改变教育——教育的新时代"为主题，聚焦于在线教育与教育信息化的结合，推动教学方式的进步和授课方式的改善，以及学习方式的改变。

在国内已经有越来越多的类似讨论出现在行业内，业内的精英人士集中对在线教育的未来趋势和目前状况进行分析，这种情况说明国内的在线教育行业已经进入一个较成熟的发展期，整个行业对于存在的问题都有所认识。

在此之前，中国在线教育模式的起源被认为发展较早，网校的出现是代表性标志之一，北京四中于 1995 年就创建了网校，之后中小学领域相继有北大附中网校，清华附中网校、黄冈网校等，之后职业教育机构兴起，具体内容集中在会计、法律、IT技能培训、司法考试、医师资格考试和建筑师资格考试等领域。

2013 年，互联网进一步发展，其中移动互联网的发展速度惊人，这种情况使在线教育迎来了快速发展期。慕课模式的出现更是给喜欢在线教育的人提供了学习条件。正因为如此，国际上以 2012 年为慕课元年，国内以 2013 年为慕课元年。例如，中国大学的慕课是由网易与高教社携手推出的在线教育平台，承接教育部国家精品开放课程任务，向大众提供中国知名高校的慕课课程，如图 5-2 所示。

图 5-2　中国大学慕课的部分合作高校

·专家提醒

相对于慕课模式而言，以往的网络教育都属于传统教育的一部分，只是其表现形式稍有不同而已，但是慕课又恰好来源于这种网络教育。

慕课与视频课程、公开课以及"精品课程"等仅把讲课录像传到网上的静态化传播不同，完整的慕课模式是将课堂教学、随堂测验、小组合作、师生互动等过程系统化地在线实现，如图 5-3 所示。

慕课一般以每周研讨话题的形式提供大致的课程时间表以及要讲授的问题、研讨的问题、阅读建议等。大部分还安排有期中和期末考试，考试通常是由同班的五位同学评分，平均分即是最后成绩。如果按照这些要求修完课程，即使你没有付出一分钱，最后也可能会获得机构颁发的学业证书或学校认可的相应学分。

图 5-3 中国大学的慕课课程

5.1.4 慕课的模式

慕课的发展时间极短，但是目前慕课的形式已经被广泛认可。在慕课的大框架下，按照教学模式的不同，主要有三类慕课方式，具体分为 xMOOC、cMOOC 及 tMOOC 三类，各类的内容如下。

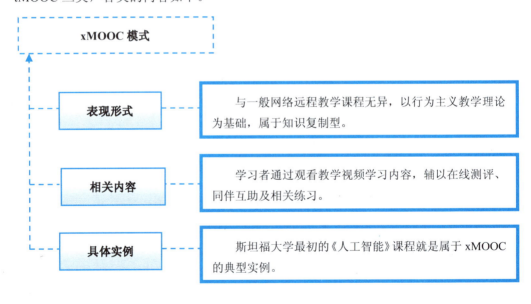

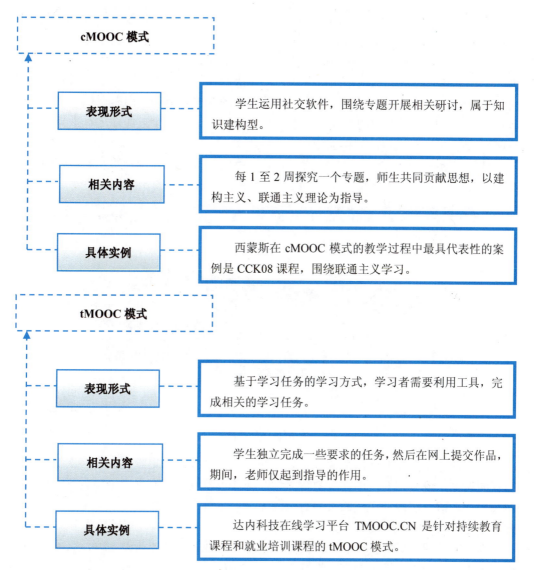

目前，国际的三大 MOOC 机构是 Coursera、Udacity 和 edx 的开放课程，主要采用 xMOOC 模式。国内绝大部分的在线教育机构也是采用同种模式，因为相对而言，这种模式易于大众接受。

5.1.5　慕课的市场

目前国内的教育存在很多问题，这是大众广泛认可的，主要集中在三大方面：首先是教育的公平问题，城乡之间，学校与学校之间的差距都非常大；其次是大学生就业难的问题，普通本科或者专科学生，就业压力非常大；最后是教育创新程度不足的问题，传统教育以死记硬背为主。

慕课被认为是解决这些问题的一种方式，能不能完全替代并不明确，但是至少提供了一种不同的思路。从国家的角度而言，解决教育的不公平，采用慕课的方式是最简单易行的，因为对于教育而言，核心就是教师的水平和能力，而慕课模式不是简单地将名师课程用视频播放的方式向学生进行传授知识，更是全方面地进行指导，慕课与网络教育的不同点是十分明显的。

目前，国内大学以北京大学、清华大学为首的一批重点高校开始发展本校的"慕课"平台，其中清华大学的"学堂在线"影响较为广泛，如图5-4所示。

图 5-4　学堂在线

不过，国内没有像韩国那种一家独大的在线教育平台，更没有国家层次的对在线教育的调控，或设立专门的在线教育大学，因此也就没有具有整合全国教育资源能力的公司。目前，国内的在线教育显得杂乱无章，尽管看起来市场欣欣向荣，但是这种发展是建立在不断摸索的大环境下的，与发达国家的在线教育发展差距十分明显。

国内的慕课市场需要较长时间的整合，等待行业巨头的出现是一个漫长的时期。因为国内目前影响力较大的平台都发展不久，还有不少半路出家的，比如互联网TAB三巨头等，其核心目的不是教育本身，而是教育盈利。

5.2　慕课教育的特色

慕课教育之所以在短时间内席卷全球，与其独特的特色是分不开的。慕课教育的特色主要有以下几个方面。

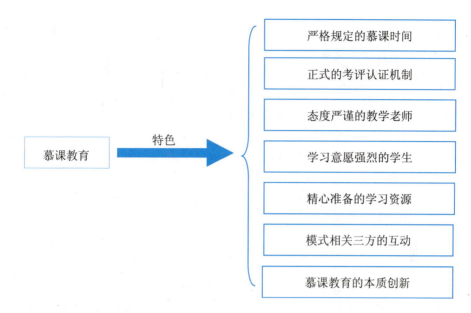

5.2.1　严格规定的慕课时间

2014 年底，中国青年报社会调查中心通过民意中国网和益派咨询对 2354 人进行的一项调查显示，73.0%的受访者知道慕课，48.9%的受访者会去上这种网络课程。66.7%的受访者认为慕课的意义在于可以帮助个人终身学习。

慕课是没有个人资质限制的，但是需要注意的是，当学习者确定了某门慕课的学习之后，根据课程的相关计划，慕课的学习时间是有严格规定的。比如在教师上传慕课课程之后的一周内，学习者必须要完成某一章的学习，学习之后要完成相关的作业、考试和互评等，有问题可以马上在相应界面提出，老师会在当天进行解答。如果学生没有在规定的时间内完成相应的作业，那么是没有学分的，也就不能参与课程的考试和最后获得证书了。

慕课时间的严格规定也是为了让学习者有一定的限制，最终提高学生自主学习的能力。这是慕课与传统的网络教育最主要的不同点，传统的网络教育是真正的不限时间的，学生与老师的关系也就没有那么明显。慕课模式吸收了传统教育的师生关系的优点，通过时间的限定加深学生与老师的互动。

5.2.2　正式的考评认证机制

2015 年 4 月 28 日，教育部公布了《关于加强高等学校在线开放课程建设应用与管理的意见》，这对于国内在线教育的发展，尤其是高校在线教育的发展影响十分广泛。在该文中，教育部肯定了"慕课"等新型在线开放课程和学习平台的兴起，称慕课模式"拓展了教学时空，增强了教学吸引力，激发了学习者的学习积极性和自主性，扩大了优质教育资源受益面"。

与传统网络教育相比，慕课引入了正式的考评认证机制，在保证教学质量的前提下，教育部鼓励高校开展"在线学习、在线学习与课堂教学相结合"等多种方式的学分认定和学分转换机制，并且须实施课程建设、质量审查、课程运行保障和效果测评等制度。

慕课在高校中的覆盖率已经较高，对于非大学生而言，可能在学习某门课程之后无法获得学分，但是也有部分大学提供电子证书。实际中的慕课学习对学习的内容要求比较严格，尤其是在具体的作业上，所以正式的考评认证机制是传统网络教学中所没有的，慕课模式更为严谨。

5.2.3 态度严谨的教学老师

正因为慕课模式有时间的要求，又有正式的考评认证机制，所以提供慕课教程的老师就不能随心所欲地去教学。事实上，大部分老师认为慕课模式需要完成的相关内容比本身单独教课要麻烦得多，这就更需要态度严谨的教学老师。

教学老师在具体的内容建设上，需要处理的内容较多，具体分为以下几个方面。

> **课程录制前**：对一门慕课的教与学目标进行初步的确定。教的目标是指教师对课程最终结果的期望，学习目标是学习者对课程学习结果的期望。在慕课的学习中，这两者很可能有不一致之处。另外在做好课程设计、录制教学视频、在平台上开设课程之外，还要进行招募学习者的宣传，组织好教学团队及技术支持团队。

> **教学实施时**：一般的慕课课程时间在两三个月内，时间过长容易引起学习者的倦怠，增加辍学率。教学视频的发布一般以周为单位，每周发布一到数段短视频。除此之外，教学还需要及时提供作业练习、讨论问题、自测试题等。在教学上按照课程内容体系由易到难、循序推进。

> **后期的总结**：一门慕课在实际实行的过程中会出现各种问题，主要原因在于受众太多，规模最小的慕课也会有数百人参加。这就需要教师对一些多数人存在的问题进行整合，提前对这些问题进行说明，后期的总结主要就是针对学生提出的问题，在第二次的慕课课程开设时增加新的内容。

5.2.4　学习意愿强烈的学生

　　慕课对教学设计提供了一种变革的可能，即公认的由以教师为主的教学模式转变为以学生为主的教学模式。慕课所带来的"翻转课堂"模式有助于促进教师角色转变，从一个讲授者、讲解者真正变为学习的激励者和启发者，而核心就是学生。

　　慕课强调学习的体验和互动，强调一个"学"字，即学生的学习，它反映的是以"学"为本的教学价值取向。在目前的教学情况下，慕课主要不是向中小学阶段的学生开放的，慕课要求学生有一定的自学能力和自制力，所以慕课主要出现在大学教育的模式中，目前是以高校学生的学习为主，加上学分制的限制，所以选择某门课程进行学习的学生往往具备较强的学习意愿。

　　慕课实际上是学生对学习的认知、感受、领悟，以及诠释和交流等的集合，在学生愿意主动去接受学习的同时，学习的效果也就会好很多。这是传统的网络教育所无法给的，网络教育在大众的选择中已经是越来越趋向于趣味性内容学习。

5.2.5　精心准备的学习资源

　　在慕课教学中，老师的水平无疑是吸引学生学习的一个因素，老师所准备的学习资源是否有用，直接决定了课程是否有价值。慕课的教学活动中最重要的是如何开展在线练习、小组协作、作业评改、交流讨论、互动答疑等活动，而所有的这些内容都是围绕实际的学习资源进行的，其他的诸如线下的活动是作为学习资源的一个补充。

　　在学习资源方面，除了网络教学所需的课程资源题库之外，往往一门优秀的慕课除了有老师整理资料之外，还配有专门的助教，助教是为了更好地让老师进行教学。助教的选择往往比较随意，由老师自己决定，比如可选拔优秀的学习者或已修过该门慕课的结业者担任。助教对于课程的了解会比较多，从而有助于学习资源的准备。

　　以北大慕课平台上的《身边的营养学》为例，该课程于 2014 年 9 月 15 日开放，但早在 2013 年底，课程的筹备工作就已经开始，如图 5-5 所示。为了完善学习资源从教师、助教参加培训，课程小组召开慕课正式筹备会，到教学大纲的梳理和知识点的精选。从宣传片的构思、制作，到教学内容的准备、课程的录制、剪辑。从课程视频上传、论坛论题的设计、同伴互评，到网页的日常维护、论坛的答疑，以及学生满意度调查问卷的收集等等多个方面，花费的时间将近一年。

　　所以慕课模式下的教学与传统教学之前的备课有着较大的区别，具体体现在教学资源的确定上，毕竟慕课面对的是成千上万同时在线的学习者。

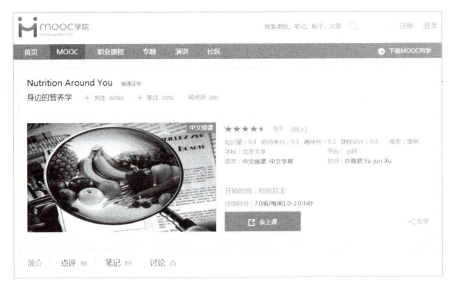

图 5-5 《身边的营养学》课程

5.2.6 慕课教育的本质创新

　　慕课对于传统教育的影响是有目共睹的，尤其是对高校的传统教育。慕课教育的本质创新主要体现在以下四个方面。

教学方式　→　作为互联网教育模式的进一步创新和发展，慕课的学习方式使传统高等教育的学习模式受到的冲击更大，促使其进行变革。

　　在线开放课程基于大数据的分析，可以全面跟踪和掌握学生的个性特点、学习行为、学习过程，进行有针对性的教学，更准确地评价学生，提高学生的学习质量和学习效率，大幅度提升人才培养质量。

教学观念　→　网络课程颠覆了传统的教育观念，促使教师对教与学的过程及其规律进行反思，毕竟慕课教学是以学生为中心的。

　　互联网的社交功能使学生有了一个虚拟的、方便的学习社区，从而让师生间、学生间的交流互动更加快速而有效。教学内容和教学环节的设计能够更加贴合个人，教学观念的变化能够促进教育的整体发展。

学分改革　→　建立适应学习者个性化学习需求，和终身教育体制要求的在线教育管理制度是慕课模式的最高境界。

　　目前国内的高等教育处于全面开放网上课程的教学改革尝试中，积极探索学籍、学分、学历证书等方面的管理制度改革。未来学分改革已经成为一种趋势，而这种影响力主要来源于慕课模式本质的创新。

5.3　慕课教育的影响因素

　　让参加慕课学习的学生们更有效地获得相关的知识是慕课教学者的共同追求，但是在实际的慕课教育中，影响教学质量的方面有很多，这也是在线教育最主要的缺点，因为教师无法做到完全和传统教育时一样的有效监督。

　　在慕课教学上，老师能不能留住学生，尤其是非学校内部的学生，是考验一个老师是不是真正有水平的重要标准。这种水平不再是传统教育中所谓的名师光环能够决定的，真正的水平放在大众面前，大众自然能够区分。所以慕课教育中的影响因素就需要教学者特别注意，具体说来主要有以下几个因素。

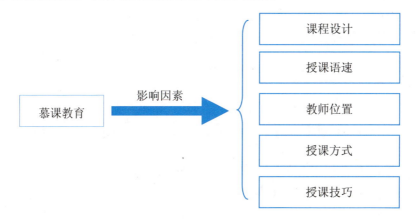

5.3.1　课程设计

　　教师花费精力最大的部分就是课程设计，精巧的课程设计能够不费吹灰之力击败传统照本宣科的教育方式。

　　课程设计具体来说包括两方面内容，一方面课程内容必须要满足学生的需要或兴趣。这就要求教学内容需要与时俱进。简单地说，能够紧随时代潮流的教学方式更易被学生认可。另一方面是改革授课的形式。

　　慕课的视频课程被切割成 10 分钟一集甚至更短时间的微课程，根据 edx 的数据统计，学习者集中精力观看视频的平均时长不超过 6 分钟。怎么样去确定一集的时间及内容是课程设计的关键所在。

　　合理地控制时间，巧妙地设计问题和答案，优秀的老师甚至就是半个专业的课程设计师，这是影响慕课教育效果的最主要因素，如图 5-6 所示。

图 5-6　被剪短的慕课视频课程

5.3.2　授课语速

授课语速的要求主要也是因为慕课的特性所致。从目前的慕课课程来看，平均的课时为 10 分钟左右，最短的甚至只有 3 分钟，在如此简短的时间里需要完成相关的教学内容，将知识点充分熔炼之后传授给学习者，这就需要老师的语速不能太慢。

根据相关统计，语速和课程的吸引力之间没有直接的正比关系。也就是说，语速太快也不会提升吸引力，但是语速达到每分钟 200 个单词的视频更容易吸引学生。因为这样的语速对于学生而言是普遍可接受的语速，同时较快的语速易于带动学生的情绪。这可以从演讲得到印证，演讲时的语速往往较快，因为情绪的感染力需要持续不断才能够带来强烈的激情。

语速的加快进一步要求老师的课前准备需要足够充分。正常情况下，同样内容的视频中时间越短的越受欢迎，得到的学习效果也就更好。授课老师在录制视频的时候必须声音清晰、发音标准、语速稍快，有一定的教学感染力和善于使用教学技巧。

5.3.3　教师位置

在录制慕课视频时，教师的位置也是被探讨的内容之一。目前关于教师位置有以下三种处理方式。

> 第一种，以纯 PPT、软件操作等进行具体教学，同时老师配音的方式。

> 第二种，面对老师的视频录制，老师在教学过程中会有走动或者手势，同时可以插入 PPT，与传统教学类似。

> 第三种，将授课老师的头像以画中画的形式嵌入视频的某个角落，同时确定头像不会遮挡住教课内容。

目前国内最常用的方式是将教师头像放在视频的开始和结束，同时穿插在中间的重点内容部分，可以用全屏或部分的不同方式。某些纯软件操作课程则是以老师配音的方式为主。

5.3.4　授课方式

在慕课的实际授课方式方面，可汗学院的模式被广泛认可，研究也表明这种方式最受大众的喜欢，教学效果比传统授课方式要好一些，这就是手写屏形式。

在慕课授课模式下，教师一边讲课一边板书，更接近现实中一对一授课的课堂。尽管慕课面向的是上万人，但是让每一个学生都感受到一对一的教学氛围是很重要的，因为慕课本来就是为自主学习的学习者制作的。所以在授课中不会出现传统教学课堂上老师与学生的讨论、分享、交流和回答等环节。

一般情况下的授课方式都采用手写屏，所以在进行课程录制时需要对相关材料进行提前准备。手写屏的方式无论是在黑板上进行板书，还是在 PPT 上勾画重点，用手写笔都比用鼠标指示要更加清晰，也让学习者的注意力更加集中，能够更容易捕捉到老师的教学指示。

5.3.5　授课技巧

具体的授课细节技巧比较个性化，需要老师自己去体会和表达。这里所讲的授课技巧主要是针对学生的学习活跃度进行分析。众所周知，慕课的辍学率还是相当高的。学生的学习活跃度存在一定的高峰期和低落期，所以怎么样让学生的学习活跃期延长，以及怎么在这一段时间里让学生接受慕课模式，取决于老师的授课技巧。

相关的研究显示，学习者表现最活跃的时候是在新课程正式开始前半个月，到课程第一次作业截止这段时间里。前者是因为学习者对于课程有一定的期待性，后者是因为学习者对于作业的排斥。

在造成学习者中途放弃课程的诸多原因中，需要完成作业这个问题毫无意外地名列首位，出现这个问题的主要原因有以下两个方面。

> 第一，学习者懒惰，无法有效地自我控制。

> 第二，学习者遇到了不易解决的学习障碍。

针对学习者的懒惰性问题，一些课程会设置相应的激励政策，比如增加学分，点名表扬等。针对学习障碍问题，老师在授课方面会实施在线辅导答疑、定期学习诊断、进阶式要求等技巧。

相对于传统教学授课，慕课的授课技巧不只是那些已知的方面，对于初步进入慕课教学模式的老师而言，有些方面是需要自己摸索才能够认识。

5.4　慕课存在的问题

目前慕课的发展虽然迅速，但也并非是一帆风顺，在国内的教育环境下具体存在的问题主要有以下几个方面。

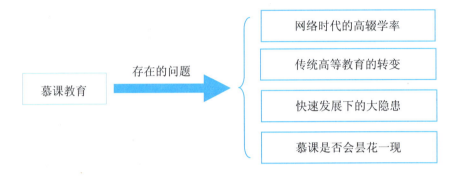

5.4.1　网络时代的高辍学率

果壳慕课学院(见图 5-7)在 Coursera、清华大学在线教育办公室等机构支持下，对遍布全球的 6116 名华人网友进行了问卷调查，发布了全球首份针对中文用户的慕课调查。调查显示，只有 6%的用户完成了所有选课，15%的用户完成了部分课程，绝大部分用户都没有办法完成所有课程，甚至有 67%的用户连一门课程都没有完成。即使是在慕课的发源地美国，被国外媒体广泛引用的一个数据是，90%的学生没有完成相应的慕课课程。宾夕法尼亚大学对本校在线教育情况的研究结果证实，属于"辍学率"范畴的比例高达 96%，其中也有因为美国大学对课程完成度要求更高的原因。

图 5-7　果壳慕课学院

目前来说，国内的在线教育平台在学生课程的完成率上如果能够达到 60∶1，就属于比较理想和成功的平台了。

针对高辍学率的问题，网络上已经出现有很多的相关分析，主要集中在以下几个方面。

好奇心减弱

好奇心是人类的本能，但是并不意味着好奇心一定是能够有用的。大部分注册慕课的学员纯属好奇，于是点击一门课进去初步了解一下，之后就再也看不到人了。

成就感不足

人的成就感来源于两个方面，包括精神上的满足和功利性的收获，在慕课模式中体现为各种证书。但是对于一部分人而言，证书给人的成就感不足，从而失去了继续学习的动力。

认同感有限

尤其是在国内，网络教育证书的质量基本上没有企业愿意认可，作为个人学习的一个侧面证明，体现学习者的学习能力倒是可以，但是整体而言被认同感太弱。

课程的拖沓

大部分慕课课程完成的时间需要三个月，甚至更长。对于一些耐心有限的学习者而言，那种时间很长的课程是难以忍受的，最主要的是没有传统教育的限制，学习者很轻易就放弃了课程。

老师的因素

与老师相关的方面主要集中于老师讲课的方式、口音以及水平，作为在线教育的授课者，老师的相关因素对于学生的影响十分直观。

学生的因素

在诸多原因之中，学生的个人主观情绪的影响是第一位的，其中最为突出的是懒惰性。对于没有特别限制的课程而言，对学员学习自主性的要求就相当高，尤其对于不是高校学生的学习者而言。

学习的时间

　　慕课课程要求的时间较长，同时一周内听课的次数也较多，尽管每次课程的时间不长，但对于一部分学习者而言，很可能在听了课之后就没有额外的时间去完成相关的课程了。

学习的内容

　　学习的内容与传统教育中存在的问题一致，会出现内容太简单，学习者基本都会，觉得听课是在浪费时间，或者内容太难，学习者上课听不懂，作业不会做，也觉得是在浪费时间。

学习的矛盾

　　慕课所要求的系统化学习与网络时代教育碎片化趋势之间的矛盾日益突出。其中，网络教育碎片化包括知识碎片化、时间碎片化和学习碎片化，与慕课要求学习的完整性和系统性存在不可协调的矛盾。

学习的更新

　　网络时代的知识更新速度很快，慕课由于制作过程相对复杂，成本也较高，尽管与传统教育相比，其内容更新已经很快，但是往往跟不上知识更新的速度，这也让部分学习者对它失去了兴趣。

5.4.2　快速发展下的大隐患

　　管理行政化是困扰当今中国高校的顽疾，其表现症状是高校缺乏办学活力，学术领域权力侵占严重，所以慕课的出现使老师发现在教学上行政的影响已经完全消失，大众只关注教师个人水平。

　　这种情况使未来教师创办自媒体成为一种趋势，自媒体又称"公民媒体"或"个人媒体"，是指私人化、平民化、普泛化、自主化的传播者，以现代化的传播手段，向不特定的大多数或者特定的单个人传递信息的新媒体的总称。

　　教学改革和教学质量最终依靠的力量是教师，只有教师的作用真正地凸显出来，让行政服务于教师，教育改革和教学质量才有保障。

　　从慕课的教学价值取向而论，以"学"字为根本的价值取向从表面上看是在改变传统的师生关系，增加师生之间的互动，但其深层含义是要求提高教师的综合素质，最重要的是转变高校的管理理念。

　　慕课在根本上直接影响了高校管理的去行政化，但是将管理权力交给网络大众，这是存在极大隐患的，而随着慕课的发展，这一趋势也将越来越明显。以韩国为例，一个在线教育的老师已经完全成为明星，能够吸引和影响很大一部分学习者。

除此之外，各高校大量建设慕课平台也不一定是件好事情。"大干快干"的模式在国内早就出现过问题，基础与环境的不稳定性给慕课带来的影响是致命的。

数字化教育资源的建设很容易陷入重复建设的泥沼中。目前一些大学的精品课程已经陷入停滞阶段，其中专业与课程的交叉重复是主要影响因素，因为对于学习者而言，有一个在线课程就已经可以满足其需求了。

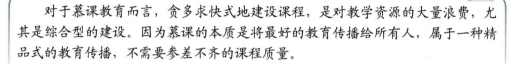

•专 家 提 醒

　　对于慕课教育而言，贪多求快式地建设课程，是对教学资源的大量浪费，尤其是综合型的建设。因为慕课的本质是将最好的教育传播给所有人，属于一种精品式的教育传播，不需要参差不齐的课程质量。

第 6 章

慕课的应用与案例

慕课的范围广泛，在实际的发展中也有不同的情况出现。所以除了对于慕课相关理论知识的学习之外，还需要对慕课的应用与案例进行分析。

本章主要从三个方面进行具体分析，分别是慕课的相关研究、慕课的实际应用和国内的慕课案例。对于有意进入在线教育领域的创业者或公司而言，慕课是必须要引起重视的一部分。

```
                              ┌─────────────────┐
                              │   慕课的相关研究  │
                              └─────────────────┘
         ┌───────────┐        ┌─────────────────┐
         │ 慕课的应用 │────────│   慕课的实际应用  │
         │  与案例   │        └─────────────────┘
         └───────────┘        ┌─────────────────┐
                              │   国内的慕课案例  │
                              └─────────────────┘
```

6.1　慕课的相关研究

　　慕课模式作为在线教育的重要组成部分，所涉及的范围相当广泛，下面主要针对部分重要内容进行整理分析，以便更深入地认识慕课模式，具体内容分为以下五个方面。

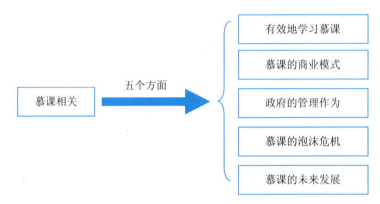

6.1.1　有效地学习慕课

　　慕课模式在全球已有一定的发展，注册人数最多的单门慕课课程已经达到 20 余万人，国内的慕课一般也有上千人注册。

　　作为慕课内容的实际学习者，如何有效地去学习一门慕课是每一个参与者都要注意的，同时对于慕课机构或者整个在线教育机构而言，在如何留住用户群体方面也有一定的借鉴作用。

　　有效地学习慕课主要体现在以下 11 个方面。

> (1) 选择感兴趣的课程，让时间的投入有价值。

> (2) 适当地提前完成作业，如果拖延养成习惯，那么这门课程就学不下去。

> (3) 花费时间与同学或老师进行交流，也是对完成课程的一个促进方面。

> (4) 选择一部分慕课进行试听，选择一两门慕课进行深入学习。

> (5) 对于视频的制作方式有一定接受力，慕课的核心不是视频本身，而是知识。

(6) 对于同伴的评分选择包容，重点是尽自己的能力去完成作业。

(7) 投入足够的时间去观看课程，往往慕课的原本时间是不够充分理解的。

(8) 学习过程要认真，确保高质量的学习状态。

(9) 额外阅读相关的课程资料，比如老师的资料或与课程内容相关的资料。

(10) 课程知识与实际环境相结合，尽可能地让自己学到的知识有用。

(11) 善于使用学习工具软件，自主进行课程笔记的记录和管理。

6.1.2 慕课的商业模式

慕课属于在线教育的一种，尽管慕课的基本定义包含免费这一项内容，但是事实上慕课是能够带来额外收益的。

现阶段与慕课相关的商业模式主要有以下四个方面。

证书收费	⇒	与在线教育盈利方式类似,通过给课程合格者授予证书收取一定的费用是慕课的增值服务之一。但是国内环境导致单门课程的公信度有限,与国外单个教授签名的证书能够统一通用有着天壤之别,而高校就单门课程进行发证的情况也较少见，尤其是对于校外人士学习慕课。
开发课程	⇒	这种形式主要被国外高校采用，通过为高校开发定制课程而收取费用。国内相关的机构主要是提供平台用于在线教育，而不开发课程。
推荐就业	⇒	教育机构向企业推荐优秀的学习者，如果被录用，则企业以及学习者需向课程提供者支付一定的费用，国外采用较少，但是属于一种趋势。
提高知名度	⇒	国内的高校建立在线教育平台的主要原因是提升学校的知名度,吸引更多的学生前来学习，促进大学的未来发展规模，从而提高收益。

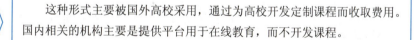
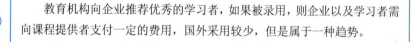

慕课模式没有明确的商业模式，目前主要是以免费为噱头吸引用户群体。当社会

环境较完善，或者教育机构吸引的用户群体成规模时，或许会形成一套完整的商业盈利模式。

6.1.3 政府的管理作为

与在线教育相比，慕课所涉及的领域与政府主导的领域有着更加接近的联系。从慕课的出现开始，就由大学逐渐扩大到 K12 领域、职业培训与终身教育，大范围的慕课模式有着广阔的巨大空间，而这些内容直接影响到社会基础层次的稳定。教育本身就是国家发展的根本，所以政府的管理作为对于慕课的影响极其深远，教育能否变革与国家的态度密不可分。

世界各国目前都在将教育变革上升为国家的重点发展项目，但是与美国、英国、韩国和日本已向在线教育领域投入的巨大财力物力相比，我国的教育发展情况更加独特。

慕课教育借助互联网的影响力，会直接或间接地改变一个国家的教育观，为了慕课未来的发展，就需要进行国家层次的顶层设计和战略安排。中国教育部已经对此做出了一些部署，如《国家中长期教育改革和发展规划纲要(2010—2020 年)》中对教育课程内容的建设要求和《关于实施宽带中国 2013 专项行动的意见》中对于未来国家"宽带网络校校通"工程的建设等。

除了关注贫困地区的网络建设，以及加快整体的基础设施建设之外，中国政府的管理作为还可以在以下几个方面展开。

政策指导　　推出慕课发展的指导思想和大致框架，使高校慕课和社会慕课的教学机构能够更好地了解国内慕课的发展动向。

教育试验　　针对不同地区的不同情况适当地进行教育试验，对于有代表性的慕课学习方式进行推广。

提倡创新　　国内的传统教育模式相当保守，内部创新一般不会动摇传统教育的根本，而从外部创新又会被阻止。慕课模式已经被认为是可行的，中国应当提倡这种教学创新，但不用强制实行。

6.1.4　慕课的泡沫危机

慕课的出现是必然的，随着互联网的出现，教育方式也随之改变。但是国内的，"慕课"发展先天不足，主要有 3 个原因：一是质量，中国缺乏世界级的一流课程和一流教师，甚至国内最顶尖的大学也只属于世界一流大学中的末尾者；二是教学模式，受历史条件影响，中国从基础教育到高等教育都强调的是知识灌输，自主式学习极其少见；三是国际化，国人在国外慕课平台上时不时就会出现，但是国外的学生极少被吸引到国内的慕课平台上，甚至慕课的出现也属于国际趋势下的主动跟随。

那么在这种情况下，慕课会不会成为一种泡沫？要探索慕课会不会成为泡沫，首先就要对已经出现的类似泡沫进行分析。国内国外在慕课出现之前就出现过两次被公认的教育泡沫，具体内容如下。

函授教育的泡沫历程

函授模式就是通过信件的方式使不在校内的学生获得大学学位，这种模式在国外出现于一百年前，在国内出现于数十年前。而一直以来函授模式没有像人们最初预料的那样引起颠覆性的效果，最终发展不过二十年就以失败告终。从本质而言，函授模式与慕课模式有相同之处，只是在表现形式上更加完善和易于接受而已。

本世纪初的网校泡沫

在慕课模式之前，互联网已经与教育有过一次交集，也就是 2000 年的网校风潮，主要集中于中小学领域。当时几乎所有有一定影响力的中小学都创建了网校，但是半年的时间里除了 101 网校、北京四中网校、黄冈中学网校等少数几家之外，其他的都淹没在时间之中。不可否认的是，存留下来的这些网校凭借其网校影响力，逐渐做成了全国知名的中学，但是这种成功相对于学样的整体数量，简直太少了。

除了在教学上的泡沫之外，还需要注意的就是在投资上的泡沫，类似的泡沫事件就是 2010 年的团购行业。在最初，与团购相关的网站有近万家，远远不是目前在线教育的这种规模，但是两年后几乎 99% 的网站倒闭或被吞并，存活下来的有影响力的不到 10 家，其中部分平台如图 6-1 所示。之所以出现这种情况，原因在于有需求的人群没有预期的规模大，而投融资却想要抢先占据有利的发展位置，于是创业浪潮来袭，资金大量投入，团购市场表面欣欣向荣。但很快就出现了泡沫，团购行业被迅速洗牌。

比较这些泡沫事件，有些与慕课的模式何等相似，但是慕课与其不同的地方也极其明显：一是市场规模，不是团购这种发展有限的领域能够相比的；二是国家调控，基础教育是国家发展的根本，尽管市场运作一般不受国家直接管理，但是国家层次的政策调控是能够直接影响到慕课模式发展的，国家不容许慕课模式出现大规模泡沫；三是互联网的成熟度不是 2000 年时可以相比的，更不是函授系统能够相比的，最新的下一代甚至被认为是互联网时代的原住民。

图 6-1　最终成功的都是有一定影响力的团购网站

6.1.5　慕课的未来发展

　　慕课领域的三巨头分别是"在线大学"(Udacity)、"课程时代"(Coursera)以及"在线教育平台"(edx)。其中 Udacity 在国际上的影响力还要超过其他两家，但是 Udacity 公司的创始人特隆预言，50 年之后的美国将只剩下 10 所实体大学，其他的大学都会在慕课模式的影响下被迫融合，从而消失。

　　慕课模式不能没有老师，更不能没有学校，在美国已经对慕课模式发展到未来可能出现的大学模式进行了探索，其中具备代表性意义的就是密涅瓦大学和奇点大学。

　　密涅瓦大学在于整个学校完全使用 O2O 模式进行教学，意在颠覆以往大学的教学模式。需要注意的是，它与慕课的大众化教育模式也完全相反，尽管内容与慕课一致，但整个学校仅仅只有来自全球的 33 名学生。学校根据学生情况，用数据化和社会需求动态结合的模式进行课程设计，根本意义就是学生所受的教育与社会发展是完全一致的，没有传统教育的滞后性。

奇点大学的建立目标比密涅瓦大学还要超前得多，几乎等于一个教学研究机构。学校由谷歌、美国国家航天航空局及部分科技界专家联合投资组成，根本目的是解决数十年后的人工智能领域"奇点"问题，同时应对全人类面临的气候变化、能源、健康和贫困等重大挑战。

所有研究的问题都具备明确的前瞻性，至少是未来可能出现并且对全人类大部分有影响的问题。香港的首富李某特意向这所大学投资了 1000 万美元，这种投资更像是对未来的投资。

除了大学平台的变化之外，慕课模式在未来还将主要与大数据融合，形成云教育模式。学校里发生的一切都将转化为数据，再用这些数据去分析出更多更为精确的数据，为个性化的慕课教育模式提供基础支持。

目前慕课三巨头之一的 Coursera 公司已在着手开发数据分析工具，并且初步应用，比如对学生在学习时某方面的弱点，系统会在作业等方面对这部分进行针对的加强训练。从这些内容中可以看出，信息时代已经完全到来，但慕课的未来发展到底会成为什么样，没有人能够说得清楚。

6.2　慕课的实际应用

慕课的实际应用以现实中的情况为基础，分析部分慕课模式实际应用的情况，主要从五个方面着手，分别是慕课与企业培训、慕课与中国大学、慕课与高考中考、慕课与大数据以及慕课与 O2O。

6.2.1　慕课与职教培训

2015 年 4 月 8 日，"慕课"三巨头之一的平台 Coursera 与中国知名科普网站果壳网共同探索企业与慕课合作的新模式，将慕课打造成为企业筛选人才的新渠道。

Coursera 联手果壳网在中国发起"慕课行动"，邀请知名的企业为慕课课程设计实践项目，在课程学习中表现优秀的学习者可获得更多的工作机会。

如果慕课学习者能得到企业的认可，那么慕课的价值将得到进一步的提升。果壳旗下的"MOOC 学院"于 2013 年正式上线，并一直在运营中，其官网中的职业课程主页如图 6-2 所示。

图 6-2　MOOC 学院职业课程官网主页

6.2.2　慕课与中国大学

在实际的应用中，慕课与中国大学的互动是最多的，所以才会导致目前各种大学公开课、精品课的泛滥。

下面主要介绍影响力较广的由清华大学主导的学堂在线平台。这个平台是免费公开的大规模开放在线课程平台，通过来自国内外一流名校开设的免费网络学习课程，为公众提供系统的高等教育。

如图 6-3 所示，即为学堂在线的广场讨论区主页。

图 6-3　学堂在线的广场讨论区主页

学堂在线平台在初创时期就拿到了清华大学的种子资金，同时平台的发展计划确定了平台和课程产生并行的思路。

2015 年初，学堂在线宣布完成 A 轮 1500 万美元融资。受慕课模式的影响，目前清华等部分大学的一些科目已经开始了学分互认，学分课程涉及人文、历史、工程等诸多科目。不过，统一认可的学习者证书模式还待解决。整体而言，慕课与中国大学的关系将会更为紧密。

6.2.3　慕课与高考中考

高考和中考的重要性对每个学生都不言而喻。高考的改革随着国家《关于深化考试招生制度改革的实施意见》的落实而成为现实。但是政策落地也是一场持久战，更何况国内形成已久的教育环境并不一定会有本质的改变。

不管怎么说，高考的改革对于慕课而言是一个发展的契机。慕课的特色在于它的网络化、规模化，能够把优质的教育资源变得大众化，能够让稀缺的教育资源普及化，这与高考的改革目标是相一致的。同时慕课的模式不仅仅只是教育学生，也可以对老师实行慕课教育，促进思想与经验的传播。

在实际的高考、中考里，慕课首先可以促进教育的公平性，这点毫无疑问，让农村地区、贫困地区的学生与发达地区的学生处于大致相同的起跑线上。还有就是培养个人的全面发展，根据爱好去学习一直是被提倡的，但是在传统教育中较难完成，所以慕课的出现对于培养全能型的人才有重要意义。

对于慕课的未来发展，因为空间太大，自身发展时间有限，所以大众很难直接明了地知道慕课未来对高考、中考的影响。如果以完全完美的形式去预期，那么未来慕课的特点将使所有人，无论在什么地区都可以受到最好的教育，同时个人的综合性发展加快，个人特长将更受大学欢迎。

6.2.4　慕课与大数据

大数据拥有以下 5 个特点。

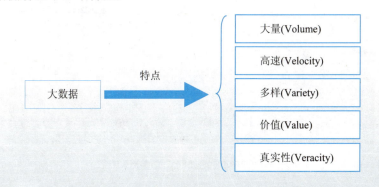

大数据可以理解为所涉及的数据量规模巨大到无法通过人工的形式去进行分析，通过计算机在合理的时间内达到截取、管理、处理，并整理成为人类能够解读的信息。

大数据依附于互联网的便利性而成为被日益重视的一种分析方式，目前已在各行各业中形成了巨大的影响力。大数据对于教育行业而言影响力也是惊人的，而慕课模式的发展与大数据之间的关系也十分紧密。

平台通过收集和分析慕课相关的数据，从而开展大数据应用，这是平台的优势所在。在互联网时代，所有的网络行为都能够被记录，而慕课平台通过记录学习者的鼠标点击，就可以研究其学习轨迹，发现不同的人对不同知识点的不同反应。具体表现如平均用了多少时间，某门课程中的哪些知识点需要重复或强调，教学者的哪种陈述方式或使用的学习工具最为有效等。

因为受众广泛，所以慕课模式所能收集到的这些大数据杂乱无章，但是当这些数据累积到一定程度时，群体的行为就会呈现一种秩序和规律。这种秩序和规律，无论对于教管部门，还是对于教育研究，或者学生自主学习都具有非常重要的意义。

大数据的分析系统让学生接受个性化的教育成为可能，这也是大数据与慕课结合的重要意义之一。

6.2.5　慕课与 O2O

O2O 模式，也就是线上与线下结合的模式。对于慕课而言，既可以充分利用网络在线教学优势，又强化了面对面的课堂互动，所以慕课与 O2O 模式的结合是未来的主要趋势，也是未来在线教育盈利的重要方面。

目前大部分的慕课平台都有意向 O2O 模式转化，所以代表性的平台有很多，例如慕课网，其官方主页如图 6-4 所示。

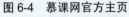

图 6-4　慕课网官方主页

　　慕课网是一个垂直型慕课平台，平台主打互联网 IT 技能学习，通过免费的在线公开视频课程学习国内领先的互联网 IT 技术。同时具备所有慕课平台的共同特点，即开放、免费和个性化，在国内尤其是 IT 行业影响力较大。

　　慕课网还开通了手机慕课 APP(如图 6-5 所示)，以便更好地完成平台从线上模式向 O2O 模式的转变，从而创造出更大的影响力。线上与线下的结合是未来的主流趋势，如同实体店被迫转型一样，慕课来源于互联网，所以在 O2O 模式上转变得更为迅速。

图 6-5　手机慕课

6.3　国内的慕课案例

　　国内的慕课发展虽然才起步不久，但是在实际的应用中，与慕课相关的案例已经涌现出了很多。下面主要分析国内目前存在的四种慕课案例。

6.3.1　翻转课堂

　　翻转课堂是指重新调整课堂内外的时间，将学习的决定权从教师转移给学生的一种学习方式。

　　翻转课堂的意义在于将以老师为主的传统教育，转变成为以学生为主的形式。在这种教学模式下，实际上课堂内的宝贵时间里，学生更能够专注于主动地去学习，从而获得更深层次的理解。教师不再占用课堂的时间来传授知识，这些信息需要学生在课后自主消化。通过慕课在网上进行，还能在网络上与别的同学讨论，能在任何需要的时候去查阅需要的材料。对于一个班级而言，教师能够有更多的时间与每个人去交流，从而更好地了解学生的状况。

下面从语文、数学和科学三个方面介绍相关的案例。

作文翻转学习
> 南京金陵中学高三的王老师对作文课采用了翻转课堂教学这种学习方式。首先将作文分解为审题、立意、结构、语言和论据五个点，然后根据这些点的要求分别录制教学视频，再由学生在家看完视频之后，来学校对于作文本身产生的问题进行整理和分析，把这个过程同样录制下来，让学生在家里可以随时继续学习。其意义在于让大部分学生的问题都能够得到仔细的回答，并且可以无数次地重复理解。

数学翻转学习
> 南京游府西街小学对数学课进行了翻转学习的尝试，并取得了较好的效果。老师提前制作教学视频，学生在家里先看一段 10 分钟内的数学课视频，到了学校之后主要是师生一起对于课程内容进行讨论、答疑和完成相关练习。

科学翻转学习
> 在科学中，物理学是重要组成部分，而对于物理的学习一直是学生的一个难题，但是翻转学习的方式可以让学生更好地去认识和了解科学。
>
> 比如《物理变形》一课，老师让学生在家先观看视频，然后在学校一起动手完成相关试验，通过翻转课堂把预习的作用扩大化，使学生在学校的时间更加集中在学习过程中出现的问题。学生之间的讨论、师生之间的互动会更为有效，而且更有话题可交流。

·专家提醒

翻转课堂把教学的传统模式进行了转变，更加注重学生本身。这种模式的应用不能缺少慕课，因为慕课主要是在家学习。相对于大型慕课网站的课程而言，这种课程更直接，而且没有开头的播广告。

不过翻转课堂的缺点也是显而易见的，在没有父母的监督下，让孩子自己在家观看视频难度比较大，尽管慕课的时间极短。翻转课堂不可能替代传统教学，因为传统教育的教学环境以及老师的管理作用是不可缺少的。但是不可否认翻转课堂会成为未来教育的重要组成部分。

6.3.2 双师教学

双师教学模式在国内已经进入试点，目前全国共有 18 个省市 130 多个试点学校。其表现形式是由一位在互联网上教学的老师，和一位在现实的教室教学的老师共同组成每一堂课的教学模式。

2014 年中国人民大学附属中学刘老师与广西田东县上法中学的罗老师进行双师教学。双师教学在课堂上的呈现形式如图 6-6 所示。

图 6-6　双师教学在课堂上的呈现形式

在这种模式中，现实教室内教学的老师主要是以慕课中教学的老师所教的内容为中心，通过自身的充分理解和转化，在教学过程中对学生进行更好的教育。学生学习到的内容一方面是全国顶尖老师的教学内容，一方面是实际中更全面细致化的老师的教学内容。在课堂上，学生的互动性、参与性和学习的积极性都能够获得相应的提升。

双师教学模式被广泛认可和推广，主要在于其模式是可行的，尤其是在边远地区的教学资源有限的情况下。目前国家对于基础教学设施的建设投入很大，在未来当互联网遍布全国时，双师教学模式将会更为全面地实行。

同时，未来对于教师的要求也会进一步地提高，因为这种模式将会使部分教师成为优秀教师。

6.3.3　无师教学

无师教学模式主要针对教学资源极其缺乏的地区提出，完全采用一台电脑替代一个老师的模式进行。

在教师资源缺乏的地区，让仅有的几个老师教所有的课程是不大现实的。尤其是现在的全面教学发展要求学生多方面学习，例如要求中的美术课之类的课程，在偏远地区完全没有条件实行。

无师教学就是为解决这种情况，通过互联网教学，直接由全国最好的特级教师远程授课，当地教师进行现场管理。无师教学是属于双师教学中的一种特别情形。随着未来互联网的普及无师教学将向双师教学靠拢，从而逐渐消失。对于目前国内的教育环境而言它只是起一种临时性的补充作用。

6.3.4　常青义教

与之前三种慕课案例不同，常青义教所做的事情不是面向学生，而是面向教学者。这种模式与传统的支教项目也存在很大不同，支教者主要是资历极深的老教师，帮助学校提升管理水平和教师的实际教学能力，从讲义准备、讲课示范、课后研讨、授课评估等方面对当地老师进行指导。如图 6-7 所示，即为常青义教的老师在讲课。

图 6-7　常青义教的授课现场

常青义教模式与慕课没有直接的关系，但是可以作为慕课未来的双师教学系统的一个过渡。未来的双师教学将可能不仅仅只是面向学生，对于老师的培训将显得更为重要，而这种常青义教模式就是先行者，对于未来的双师教学系统的完善影响深远。

可以说，在未来的教学模式中，包括学校、老师和学生，都将成为一个统一的教学模式中的一部分，而不会有多种形式共同存在。

常青义教可能就会成为未来大系统中的一部分，并且在系统中充分显示其实际作用，对于提高教师的整体水平有一定的指导意义。

第 7 章

在线教育模式：微课

　　慕课和微课都是辅助学生学习的网络资源，两者有相同的地方，但是并不属于同一种类型。

　　本章主要分析微课本身的特点，区分其与慕课的不同，并对其操作流程进行介绍，使读者能够全面认识微课这种在线教育模式。

在线教育
模式：微课

- 微课的基本知识
- 微课的特色方面
- 微课的成功要素
- 实际操作流程

7.1 微课的基本知识

在线教育的模式很少，大众所熟知的模式主要是指慕课模式。在实际的在线教育平台中，除了与慕课相关的平台，还有一种在线教育平台，就是与微课相关的。如图 7-1 所示，即为微课网的主页。

图 7-1 微课网官方主页

微课和慕课作为近几年来备受关注的新型网络学习资源，在不断推广、发展的过程受到了广泛的热议。但是对于微课到底是什么，是如何表现的，以及微课的特色等这些问题，大众搞不清楚，容易将其与慕课模式混淆。下面主要介绍微课模式的基本知识。

7.1.1 微课是什么

微课的出现过程与慕课是一致的，两者在最初的表现形式上没有区别，随着慕课的发展，根据实际的需求而形成了微课。

"微课"是指以视频为主要载体，记录的教学过程中围绕某个知识点而展开的相关教学活动。"微课"的核心组成部分是课堂知识的传授过程，在这个过程中所体现的与该教学主题相关的教学设计、素材课件、教学反思、练习测试及学生反馈、教师点评等辅助性教学资源也是微课的组成部分。这些方面共同构成了微课模式的表现形式。

需要注意的是，"微课"与传统单一资源类型的教学课例、教学课件、教学设计、教学反思等教学资源不同，但是微课的出现和发展又是建立在其基础上，融合互联网特色之后形成的一种新型教学资源。

微课的影响范围主要是在基础教育领域、高等教育领域和成人教育领域，与慕课有所不同的是，微课可以用于比赛，而且国家教育部也鼓励和组织微课比赛，尤其是中小学领域的微课比赛，旨在提升中小学教师的教学水平，嘉奖其中的优秀者。如图 7-2 所示，为第二届中国微课大赛的参赛界面。

图 7-2　第二届中国微课大赛的参赛界面

7.1.2　微课的分类

根据不同的方式可对微课进行多种分类，常见的分类方式有依据课堂具体教学方式、课堂教学主要环节和微课视频表现形式。

依据课堂具体教学方式，微课可分为以下 11 种。

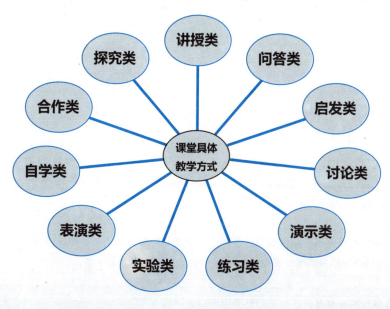

依据课堂教学主要环节，微课可分为以下 5 种。

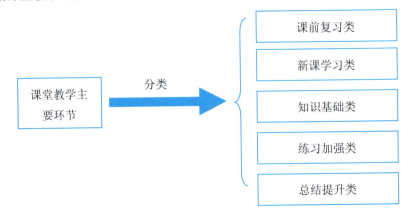

依据微课视频表现形式，微课可分为以下 6 种。

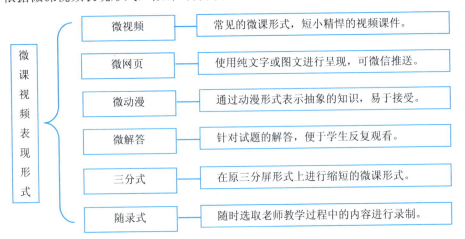

7.1.3 高质量微课

在线教育的灵魂，无论是慕课还是微课，其真正的核心仍然是高质量的内容。限制国内在线教育发展的主要原因之一，就是课程开发的质量还有待进一步提升。

微课的质量如何评定，下面主要从 7 个方面进行分析。

内容中心点突出：微课的特色在于一次只讲一个教学知识点，所以讲课内容的准备、表达是保证微课质量的唯一决定性因素。

教学技巧有表现：好的老师善于用生动有趣的方式吸引学生听课，微课对老师的要求更高，因为时间更短，能否吸引学生，根本上取决于教学技巧。

简明扼要讲内容：微课的授课时间极短，所以教学内容不能够拖泥带水，要尽可能地简明表达，突出重点，集中解决实在问题。

技术设计上用心：运用适当的表现形式是微课能够吸引学生关注的重要原因，但是在符合学生审美的同时不宜过多分散其注意力。

预防信息的过多：老师的啰嗦经常是学生的噩梦，所以尽管教学时间短，但还是要有所留白，让学生有一个接受的过程，充分享有学习的乐趣。

多平台转化运行：微课移动端的使用多于 PC 端，但不是所有微课都支持移动端学习，因此未来趋势将是多平台转化运行。

创新思维的运用：这是个创新的时代，对于微课本身，无论是教学理念的创新，还是模式及方法的创新都是值得肯定的。

7.1.4 微课影响力

微课的影响力已经相当广泛，尤其是对于在线教育的相关要素而言，其影响力与慕课相当。下面主要从微课对教师、学生、教学模式以及在线教育等四个方面的影响进行分析。

微课对老师

微课的出现会使优秀教师的教学思想和教学经验更容易被扩散，比慕课的内容丰富，便于实现优质教育资源的共享，促进教育公平。随着这种资源的增加，未来大部分老师的职责会趋向于与学生交流讨论、组织测试和管理。网络发展进一步加快，对教师的要求进一步提升。

微课对学生

在线教育的整体影响力，在微课模式中同样存在，不限时间、不限空间的特点让学生更容易学习。课程、课时自由安排，可针对某个知识点都进行全面的解答。教育公平性对于边远地区的学生而言十分重要，而微课能很好地做到这一点。随着微课模式的进一步发展，未来学生的集体生活会成为一个不可预测的问题，毕竟学生人格的形成、心理的成熟都不是靠课本知识得来的。

微课对教学模式

　　微课的最终发展可能会导致班级和年级的设定不再那么重要，教学的重点偏向测试，而不是知识传授本身。学生也可以跨级考试，学习高年级的相关课程，天才的发展会毫无阻碍。

微课对在线教育

　　微课是在线教育模式的一部分，也是一种创新。其与慕课的"翻转课堂"形式有所区别，同样"微课"也不可能解决所有课堂教学模式中存在的弊端。在未来的在线教育发展中，不管形式变化成什么样，不管手段有多么先进，让学生认识到学习终究是自己的事，不能依赖别人，这才是至关重要的。

7.2　微课的特色

　　微课的特色与高质量微课的要求有相同的地方，因为每一种教学模式的特色一旦有所发展，就会形成这种教学模式的核心竞争力，从而也就会形成高质量的教学方式。这里的特色是相对于整个在线教育模式而言，主要体现在以下五个方面。

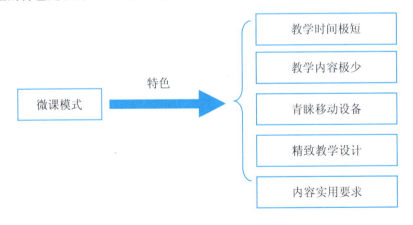

7.2.1　教学时间极短

　　视频是微课最主要的表现形式，根据中小学生的认知特点和学习规律，微课的时长一般为 1 至 5 分钟，比慕课的时间还要短一些，因为微课的内容更少。即使是高等教育领域或者成人教育领域，微课的时间一般也较短。如果某个知识点的内容相对较难，则时间可能会有所拉长，但是整体而言，10 分钟或以上的微课还是极其少见的。

相对于传统的 45 分钟一节课来说，"微课"模式几乎不能称之为课程，而应该称其为"教学片段"。

7.2.2　教学内容极少

微课的教学内容与慕课相比少得可怜，只是一个知识点，这是微课的特点。

微课主要是为了突出某个学科的知识点，在实际教学中比较侧重教学中的重点、难点和疑点，相对于传统一节课要完成的复杂众多的教学内容，微课在表现形式上很明显。

如图 7-3 所示，为微课网网友对初中部分知识难点的投票。

图 7-3　初中各门学科的知识难点

这些知识点并不是一堂微课就能解决的，以数学中的锐角三角形为例，点击进入后会出现与之相关的所有微课课程，如图 7-4 所示。

图 7-4　一个大知识点包括诸多细化的微课程

7.2.3　青睐移动设备

微课的课程时间比慕课更短，所以在实际的学习中，微课更适合碎片化的教学内容，于是移动设备就成了微课最好的载体。大部分的微课平台都会创建自己的 App 软件，便于移动端的学习。

如图 7-5 所示，为微课网的 App 软件下载页面，用户通过扫描二维码即可下载。

图 7-5　微课网的 App 软件微课圈

7.2.4　精致教学设计

微课对于单个知识点的要求要比慕课所讲的内容更深，慕课所涉及的内容相对较多，不仅只是一个知识点，所以与慕课相比，微课在教学设计上更为精致。微课精致的教学设计主要体现在以下两个方面。

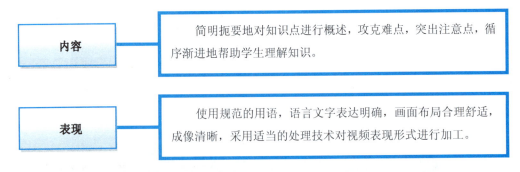

| 内容 | 简明扼要地对知识点进行概述，攻克难点，突出注意点，循序渐进地帮助学生理解知识。 |
| 表现 | 使用规范的用语，语言文字表达明确，画面布局合理舒适，成像清晰，采用适当的处理技术对视频表现形式进行加工。 |

7.2.5　内容实用要求

微课是以知识点或技能点为单位，以集中解决某个问题为主要目标的短小精悍的微型课程形式。在实际中，提升学习效能是微课所追求的效果，内容的实用性是微课与生俱来的特色。

学习微课的用户没有太多的额外时间，学习者想得到的知识是能够解决一些自己学习中遇到的实际问题。微课能够通过知识点累积的方式使学习者获得一定的知识，并且这些知识不是华而不实，而是全部都与学习密切相关。在短短的一节微课里，老师讲完相关知识就不会再讲其他内容，这对于需要多次理解内容才能攻克知识点难关的学习者而言相当有用。

7.3　微课的成功要素

微课模式中的三要素，主要是技术、内容和表达，微课的特色也围绕这三个要素出现。所以，一个老师的微课能否获得广泛的认可，能否得到教育机构的赞赏，能否提升个人影响力，需要从以下三个方面入手。

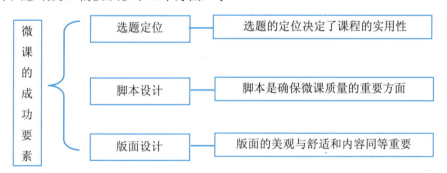

7.3.1　选题定位

微课的选题主要是针对实际的知识点而言，选题在课程开发的过程中具有基础性的作用，选择适当的选题对于微课的后期设计影响巨大。教学设计建立在微课选题的基础上，而课程脚本又建立在教学设计的基础上，直到最后的成品课程都与最初的选题脱离不了关系。

博采众长是网络时代的特色之一，在确定选题之前可以借助互联网找到相关的资料，采用其精彩的内容，通过个人对于选题切入角度的创意，最终形成自己的选题。

在常用的教学设计中，微课的选题直接与以下三个方面对接。

> **教学重点**：教学重点是依据教学目标，在对教材进行科学分析的基础上而确定的最基本、最核心的教学内容；一般是一门学科所阐述的最重要的原理、规律；是学科思想或学科特色的集中体现。

> **教学难点**：教学的难点是指学生不易理解的知识，或不易掌握的技能技巧。难点不一定是重点，但也可以是重点。难点与学生所处的学习环境有关，根据学生的实际水平来确定。

> **学生易错点**：主要针对中小学学生，简单的说就是学生在做题的过程中容易失分的地方。一般根据课标要求和历届中高考的命题情况，由老师或教学机构归纳出涵盖考点的若干"易错点"，再根据实际内容确定选题。

需要注意的是，为了让微课发挥出最大效果，也为了节省实际的教学资源，在对微课选题定位时，一般会为了产生持续性的学习效果而对微课选题进行系列化和系统化设定。

系列化是指在选题的时候，一个大的知识点包含诸多系列的微课程。根据实际情况还可以进一步分化成为更细的系列化微课程。

系统化是指相关微课之间的逻辑关系，尤其是对于有知识承接的课程，不同的要求会使微课之间的关系不同。比如前一堂微课的知识点是后一堂微课知识点的基础，那么在微课的课程设计中就应适当地相互提及、渗透。

7.3.2 脚本设计

在微课中的脚本主要是指课程设计所依据的底本，即根本内容。选题就属于脚本中最基础的一部分。对于成系列化的微课课程而言，通过脚本文档或设计图将制作内容固定下来是很有必要的，能够节省不少时间，是防止其他微课课程内容跑题的重要方面。

选题确定完成之后，整理相关内容：资料就可以做成课程设计脚本。脚本是制作微课过程中记录这次微课所有相关信息的文档。需要注意的是，为了展现更好的效果，一般脚本都有单独的配音脚本设计。除了配音之外，一个优秀的微课程还需要动画制作人员和美工共同设计，而需要处理的内容也要在脚本设计中予以体现，但这种方式较为复杂，不太常用。

在实际的脚本设计中，根据相关的设计程序，能够更好地完成微课程脚本的常见的设计软件的页面内容如图7-6所示。

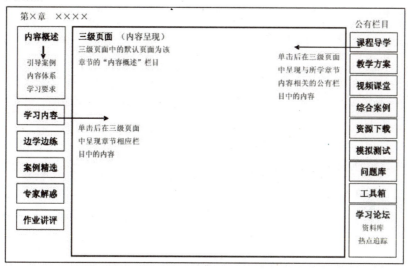

图 7-6 常见的课程设计软件页面内容

需要注意的是，微课是将知识可视化的一种表现方式，使原本抽象的东西变得立体，从而让知识更容易被接受。如果在课程中能够有效地使知识可视化，那么在设计方面就称得上是比较完善的了。

在被认可的常用的使知识可视化的工具主要有以下五种。

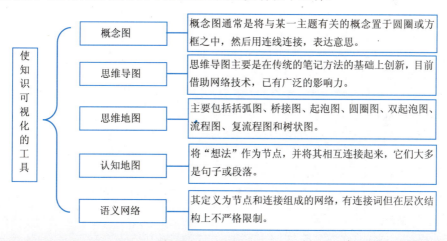

实际完成的脚本中包括的表现形式有很多，如文字、声音、图像、动画、视频等。另外，脚本有文字脚本和制作脚本。文字脚本是按照教学过程的先后顺序、描述每一个环节的内容及其呈现方式的一种形式。制作脚本包含学习者将要在视频中看到的细节，比如人物形象、相关物件等。

7.3.3　版面设计

版面设计是视觉传达的重要手段，在微课程的成功要素中占重要位置，对整个课程的设计影响极大。

在以往的版面设计中，需对材料内容进行分解，先进行总体版面分配，再对文字、图形进行编排，使图与文、图与图、文与文相互呼应、相互协调。在微课程的版面设计中有所不同，但是版面设计的整体要求是一样的。

对于课件设计来讲，大部分作者具备常见的技巧就足够了，只有专业方面人士才需要对相关设计法则进行全面了解。一般常见的设计技巧主要有以下几个方面。

内容明确

课件内容必须明确，只有这样才能使学习者更好地获得知识，分清内容的主从关系，才能更好地完成版面设计。

突出中心

通过下划线、增大字体、改变颜色或者增加底色的方式突出中心内容。通过强调来提高学习者的注意力，以便其知识记忆。

疏密有序

版面率是指版面和整页面积的比例。空白部分的多少影响学习者的视觉感受，不能没有空白，也不能有太多的空白。

图文共处

图文共处是大众最容易接受的排版方式，同时图文共处表达的内容也更为简洁，不会出现太多的繁杂内容，对于突出中心内容很有用。

线条搭配

不同的线条图形合理地搭配，能够让人感觉愉悦，同时也容易突出相关的内容，便于教学。

使用图表

图表的作用与线条搭配的作用类似，但是使用图表能够额外起到一种装饰的作用。比如金字塔图、柱状图、圆饼图、流程图等，在表现形式上更为生动。

7.4　微课操作流程

微课开发不仅仅只是录制视频那么简单，对于大型在线教育平台来说，最重要的是要打造自己的微课程资源。就传统网校来讲，课堂实录视频是网校的核心产品，但事实证明这种方式的教学效果并不好。

那么，在微课的实际操作中就要明确微课与网校的不同。一般来说，微课的流程主要有以下五个部分。

微课目标的确定

确定教学目标，主要是确定相关受众和课程要起到的作用。尽管微课涉及主要领域是基础教育，但是在高等教育和成人教育领域也有微课的存在。

微课内容的确定

内容的确定主要包括具体的教学内容教师对授课环境的了解，以及学生可能出现的学习情况等各个方面，需要预先准备。

微课的表现形式

课程本身的表现方式和手段，能够清晰地向学生传达相关教学信息，达到教学目标。

微课的效果评价

对微课的评价，用户群体是最好的评价者，从用户提供的相关数据可以清楚地看出微课的实际效果。

微课质量与成本

> 这部分属于后期的总结，主要为以后微课程的开展提供数据分析，根据质量与成本的实际情况，确定一个最佳的投资比例。

7.4.1 微课目标的确定

微课的目标确定主要是确定受众和课程所要起到的作用。微课教学中，教学目标的确立是第一步，也是最关键的一步，它决定着课堂以什么样的教学内容传递给什么样的学习对象。直接影响教学目标确立的是教学者的教学设计理念。如果教师没有先进的教学设计理念去支撑微课，只是将传统教学的 40 分钟变成了几分钟，那么微课的本质就跟传统教学一样没有变化。

如图 7-7 所示，为浙江微课网的部分微课程，这些课程的受众主要是中小学生，但是内容不只限于基础知识，还有包括兴趣、爱好的学习等。需要注意的是，每一门微课的受众不可能完全一样，在进行微课的操作过程中首先要有明确、具体的目标，以及目标受众在学习中将要获得的知识层次。

图 7-7　浙江微课网的部分微课程

7.4.2 微课内容的确定

微课内容的确定就是确定具体的教学内容。根据不同的学科不同的对象，以及对象的不同水平，最后确定的内容也不尽相同。从这点来看，最优秀的微课程不一定适合于所有人，但是至少存在一定的可借鉴性。

以广东省深圳市光明中学的程老师所教的《行路难》微课为例，李白的《行路难》是人教版八年级语文下册第六单元的一首古诗，程老师需要在学生已经学习了诗歌的情况下，完成一节不超过 10 分钟的微课教学。

程老师根据"人生语文"注重学生个体人生体验的教学理念，确定了这节微课的教学目标与切入角度：首先在整体把握诗意的基础上，学习"以己证诗"的诗歌阅读与鉴赏方法；其次学以致用，与诗人产生心灵的共鸣。10 分钟内，微课要讲的一个"知识点"便是"以己证诗"，即用自己的人生体验去印证诗歌。目的是让学生掌握一个有价值的学习方法——"以己证诗，诗意表达"，即让诗与自己的人生发生关联，与诗共鸣，在生活中有意识地用诗句去表达自己的情感。

从程老师确定微课内容的过程中可以看出，首先要从受众需要什么的角度去思考，然后对于教学内容本身的目标有一个大概的思路，最后才能具体的教学内容进行设计。内容确定不仅仅只是相关选题的定位，还是从学生实际情况的出发。

7.4.3　微课的表现形式

作为一种以视频化为主的教学方式，微课的表现形式直接影响受众的学习能力。微课在确定其表现形式上，需要注意以下几个方面。

效果	效果是最重要的，能够准确地向学生传达相关的教学信息。
方便	便于制作、使用、维护。
花费	降低成本，更有益于大规模的微课制作。

常见的微课表现形式主要包括两部分，分别是影像和音频。

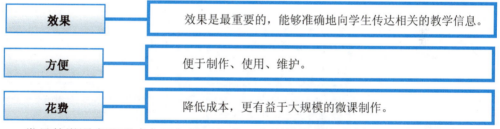

影像内容 ⇒ 影像内容主要包括授课者的板书、幻灯片模式、Flash 的使用等形式。相关的录制设备有录像机、录屏软件、Flash 制作软件等。

音频内容 ⇒ 音频内容主要包括老师的原音和后期的配音两种，前者方式简单，后者需要较多的资源，甚至需要专职的配音员。但无论是哪一种，除了声音清晰、发音无误之外，都需要使用较有感染力的语言。

7.4.4 微课的效果评价

传统教学的效果评价较简单，老师教的好与坏在专家的打分制度下能够清楚明白地被界定出来。微课模式的受众是学生，所以微课的质量评估主要是通过学习效果来评估。大多数情况下，老师与学生的看法是不同的，尤其是某些专家的看法与学生的想法相差甚远。

在实际的效果评价中，可用于评价的方式较多，主要有问卷、打分或者点赞数量等。 但是对于实际的监督者而言，还可以从用户观看视频的时间长短、观看次数、暂停位置、学习时间和作业时间，以及最后的错误率等综合情况去分析微课的教学效果，更全面地了解授课者的水平。

7.4.5 微课质量与成本

一门微课要想获得广泛的认可，那么精彩的后期加工是以不可缺少的，尤其是对于动画形式制作的微课从一开始就需要大量的资金。**想要获得更好的质量，控制制作微课的成本，那么了解常用的微课工具就显得很有必要。**

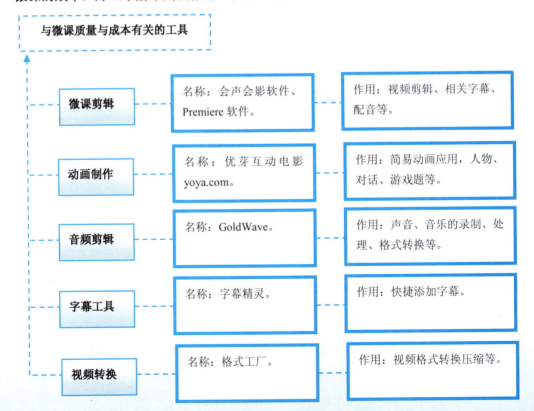

与微课质量与成本有关的工具

微课剪辑 —— 名称：会声会影软件、Premiere 软件。 —— 作用：视频剪辑、相关字幕、配音等。

动画制作 —— 名称：优芽互动电影 yoya.com。 —— 作用：简易动画应用，人物、对话、游戏题等。

音频剪辑 —— 名称：GoldWave。 —— 作用：声音、音乐的录制、处理、格式转换等。

字幕工具 —— 名称：字幕精灵。 —— 作用：快捷添加字幕。

视频转换 —— 名称：格式工厂。 —— 作用：视频格式转换压缩等。

第 8 章

微课的应用与案例

　　微课以其在实际中的应用特色获得了在线教育领域的欢迎，出现了一些被广泛认可的微课案例，

　　本章着重介绍微课的应用与案例，内容包括微课的创作与开发、动画微课，以及国内微课的典型案例。

```
                          ┌─ 微课的创作与开发
            微课的应        │
            用与案例       ├─ 动画微课
                          │
                          └─ 国内微课的典型案例
```

8.1　微课的创作与开发

在要求并不是很高的情况下，少量的微课创作比较容易，但是对于成系列的微课而言，微课的创作与开发需要一整个团队的配合。

微课有很明确的主题，内容高度聚焦于一个知识点，形式短小精悍，应用面广泛。尽管微课的时间较短，但是优秀的微课需要数天的时间才能够完成。下面主要从五个方面对微课的创作与开发进行介绍，如下所示。

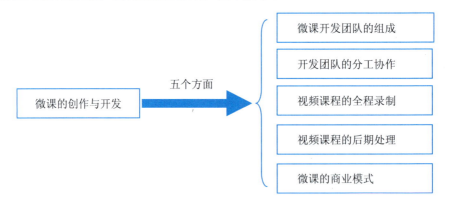

8.1.1　微课开发团队的组成

与个人开发微课的形式不同，如果是微课团队进行微课的开发，那么就需要对每个人的职责有明确的安排，不同的人的作用要凸显出来。下面以系列型微课的创作与开发为例，其开发团队的组成如下。

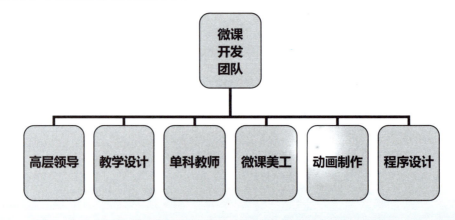

8.1.2　开发团队的分工协作

微课开发团队各组成部分的人员需要完成的工作如下。

高层领导

对于成系列的微课而言，必然需要一个领导者来协调和管理，对相关内容进行整体把握，包括项目进度和质量等，同时具备一定的综合能力。

教学设计

制作系统化的教学设计脚本，对于加快整个微课制作过程是很有利的。不同课程的要求不同，需要的脚本设计也就不同。

单科教师

具体的选题和内容安排需要单科教师去设计完成，其掌握的单门学科的知识和技能是组成整个微课系列基础，尤其是对于一些较深奥的内容，需要专业的高级教师才可以完成。

微课美工

美工的工作就是使课件设计得更美，确定整体的排版风格。一般情况下，微课制作所需要的美工主要是对课件的风格和质量方面能够较好地完成，因此对其设计水平不会要求提高。

动画制作

动画制作包括整个课件。这些内容需要专业级的动画制作人员去完成，不然表现效果会很糟糕。

程序设计

在实现微课的交互效果时就需要程序员，部分包含学习类游戏的微课内容也不能缺少程序员。与其他部分的工作相比，程序员的工作量较低，主要起辅导作用。

在确定了团队内人员的分工之后，接下来需要完成的事情主要是各成员之间的相互合作。在实际进行的这个阶段中，主要有以下三个方面的问题需要引起注意。

质量与进度 ⟹	课程的开发时间与质量问题是每一个团队都要了解的，但实际的开发与团队的经验和能力直接有关。如果课程进度要求加快，则需要对关键性的问题进行重点对待，例如确保内容的精准表达，对美工等其他工作适当删减，以减少整体的工作量。
质量与资金 ⟹	质量与资金在理想状态下是成正比的，但在实际操作中就不一定了，问题包括预算执行是否到位，团队水平是否能够承担相关工作质量等。如果资金较少，同样可以通过降低美工、动画和程序这些辅助性的人员的工作量来降低成本。
质量与个人 ⟹	微课领域的著名学者吕老师对微课程开发的各个阶段的矛盾进行了分类，分别是初期的学科知识点分析和教学设计矛盾、中期美工和动画及摄录的矛盾、后期课件组装和检测的矛盾。这些问题对于整体课程的质量影响很大，要解决好这些问题就需要团队成员除了自身工作之外对整体工作也有一定的把握，比如美工了解动画制作要求等。

8.1.3　视频课程的全程录制

　　与视频课程录制相关的方面较多，但是从表现形式上而言主要分为两种，即影像录制和屏幕录制。与之相关的设备要求如下。

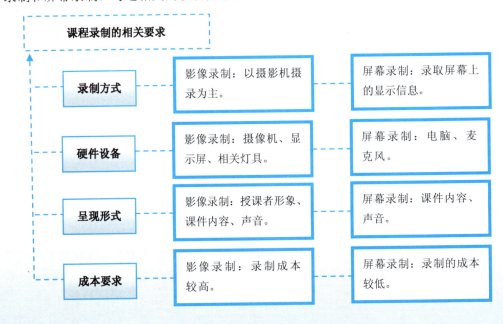

　　影像录制极容易被其他声音所干扰，因此微课对于外部录制环境的要求较高，同时需要影音同步。一般情况下影像录制都是在大型的专业录播室里进行，这种录播室会采用隔音的方式来确保录制质量。除此之外，最常用的简易的录制方式就是采用绿色底板为背景外加投影仪的方式录制，如图 8-1 所示。

图 8-1　常见的录制方式

　　在科学技术的发展下，目前已经出现了虚拟的演播室，支持标清视频信号输入，并且系统可以模拟出 3 个全景摄像机位效果，能够让授课过程看起来更加完美。采用这种方式录制微课的平台有学堂在线等。

　　影响影像录播效果的原因主要有以下五个方面。

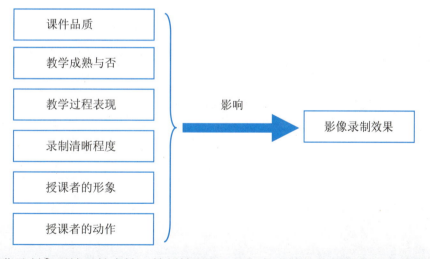

　　屏幕录制主要针对技术性、技能性课程，比如与电脑操作相关的 PS 教程等。使用屏幕录制能够将具体操作的每个步骤都记录下来，适合学习者对其进行模仿操作与练习。

影响屏幕录制效果的原因主要是具体操作的准确性。

8.1.4 视频课程的后期处理

微课录制完成之后，需要使用相关的视频后期处理软件对其进行处理，这类软件主要有 Perimere 和 After Effects 等。后期的处理需要完成的工作如下。

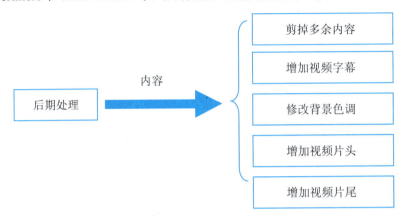

在实际的传播要求中，因为微课更多的是采用移动端的方式进行教学，所以视频在保证清晰度的情况下应当尽量压缩。一般使用 720 的像素就可以满足视频要求。

8.1.5 微课的商业模式

微课的商业模式以对课程进行收费为主，是平台盈利的主要方式。

微课能否得到更好的发展，关键在于其能否建立起良好的商业运营模式。微课网的盈利模式以出售课程为主，如图 8-2 所示。

图 8-2　微课网对于课程的明码标价

　　微课网目前的注册人数将近 150 万，与国内的微课市场相比人数并不算多，所以目前在盈利上还处于起步阶段，但它代表了一系列以出售课程获得盈利的微课平台。

　　"洋葱数学"是获得上千万融资的微课平台。其官方主页如图 8-3 所示。

图 8-3　洋葱数学网的教师版面

　　洋葱数学与百度作业帮等众多行业内的平台进行合作，为授课者提供教学上的帮助，让授课者在现实中的讲课更为轻松。

　　在互联网经济中，品牌的美誉度和知名度会造就价值，这是被所有人所公认的。洋葱数学提供了风格不一样的专业级微课，而且分为学生版和老师版，有益于学生的自学，对于主动学习的学生而言，这是一个相当大的资源库。同时除了课程本身，平台还有配套的习题，用来支持老师们的课堂翻转创新，像这种从实际出发的微课自然就获得了大众的支持，更何况洋葱数学上的课程全是免费的。

　　慕课的盈利模式中有证书收费、开发课程和推荐就业等，相对而言，微课的盈利范围较小，也不包括慕课的这三种方式。

　　国内的微课发展处于一种在线教育的补充状态，而今后其发展的成败关键就在于微课的商业模式能否坚实地建立起来。

　　微课未来在基础教育领域的应用将更加广泛，因为从其讲解单个知识点的方式来看，更符合教学要求，而这种方式在其他领域不会有太广泛的发展。

8.2 动画微课

　　动画型微课课件属于微课制作中较难的部分，需要的资金较多，但是表现效果是最好的，对于大众而言更加容易接受。本节动画微课的相关内容包括以下几个方面。

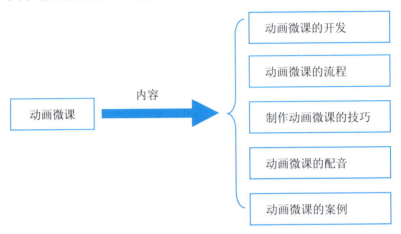

8.2.1 动画微课的开发

　　动画微课的开发与其他类型的微课有着较大的相似度，前期的工作内容可分为以下三个方面。

课程主题

　　课件内容符合课程大纲和要求，明确教学目标，突出难点、重点和易错点。对于动画微课而言，课件目标包括帮助理解、加深印象、促进记忆、启发想象力等。

采集素材

　　动画课件的完成需要大量的基础素材，这不同于一般幻灯片的展示，生动和直观需要靠素材才能够体现出来。网络可以直接提供大量的优质素材，有利于制作者节省时间。

整体布局

　　动画微课对于整理布局的要求比其他微课的要求要高得多，如何把素材放在适当的位置是一件精细活。动画微课内容的呈现顺序、呈现方法、呈现细节都需要精益求精。

8.2.2 动画微课的流程

与微课整体的流程有着较大的区别，尤其是在实际的制作过程中，动画微课相当于先将原本的动画制作扩大化，而后再形成单一的视频，摈弃了原本的结构控制、版面布局、文字处理和视频录制等环节。具体来说，动画微课的流程主要有以下几个步骤。

选题及时间确定

选题是多媒体课件的首要任务，需要注意的是，与其他微课一般系统化的形式不同，动画微课会以单独制作的形式居多。因为动画微课需要耗费的精力远大于其他类型，所以动画微课的时间一般，在 1 至 3 分钟左右。

课程受众的分析

动画微课的表现形式比较易于接受，所以课程的受众主要以就读基础教育的学生为主。在课程受众的分析上，主要针对学习者现有知识和技能水平，因材施教。

课程脚本的编写

动画课程脚本的编写主要根据教学内容、特点，对课件的内容和安排，以及各单元之间的逻辑关系进行设计，使素材的使用能够呈现出更加具体的表现形式。

课件的具体完成

素材为目标服务，课件的完成就是处理素材的完成。动画微课中的具体素材包括文本、图像、声音和动画等，在保证表现形式新颖的前提下表达学习内容、突出学习的主题。动画微课的核心在于动画本身的表现，一般文字内容会直接在动画中表现出来，或者直接以字幕的形式展现。

动画微课的预览

> 动画微课的预览主要是从整体的角度去解决一些问题，如整体上的信息传达是否有误，细节的处理是否需要加强等，查看实际的表现效果，对课件进行评价和修改。其作用是为课件的更新提供改进意见，并总结课件制作的经验。

8.2.3　制作动画微课的技巧

如果想让课件的效果更好，那么了解制作动画微课的相关技巧也是十分必要的。下面从五个方面对制作动画微课的技巧进行介绍。

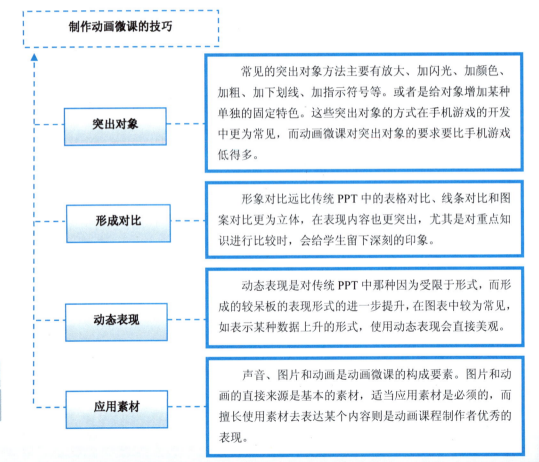

制作动画微课的技巧

突出对象
常见的突出对象方法主要有放大、加闪光、加颜色、加粗、加下划线、加指示符号等。或者是给对象增加某种单独的固定特色。这些突出对象的方式在手机游戏的开发中更为常见，而动画微课对突出对象的要求要比手机游戏低得多。

形成对比
形象对比远比传统 PPT 中的表格对比、线条对比和图案对比更为立体，在表现内容也更突出，尤其是对重点知识进行比较时，会给学生留下深刻的印象。

动态表现
动态表现是对传统 PPT 中那种因为受限于形式，而形成的较呆板的表现形式的进一步提升，在图表中较为常见，如表示某种数据上升的形式，使用动态表现会直接美观。

应用素材
声音、图片和动画是动画微课的构成要素。图片和动画的直接来源是基本的素材，适当应用素材是必须的，而擅长使用素材去表达某个内容则是动画课程制作者优秀的表现。

8.2.4　动画微课的配音

　　动画微课的文字内容相当少，其中一部分可以直接在动画中体现出来，加上课程本身的时间限制，所以动画微课的文字内容需要极其精炼，既要有概括性，又要对具体内容有所表现。

　　配音是在文字和动画完成的基础上进行的，虽然所占的成本相当低，所占的制作时间也较短，但作用却是显而易见的，它是整个课程最不可缺少的部分。有些授课者为了让课程的表现更加让人满意，会请专业配音师来完成最后的配音环节。

　　对于配音部分而言，提前准备好文字十分重要。一般对于配音文字有以下几个要求。

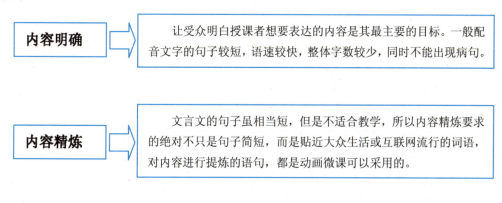

内容明确 ⟹ 　　让受众明白授课者想要表达的内容是其最主要的目标。一般配音文字的句子较短，语速较快，整体字数较少，同时不能出现病句。

内容精炼 ⟹ 　　文言文的句子虽相当短，但是不适合教学，所以内容精炼要求的绝对不只是句子简短，而是贴近大众生活或互联网流行的词语，对内容进行提炼的语句，都是动画微课可以采用的。

内容连贯 ⟹ 　　配音的要求是使听众听上去感觉舒适，如果条件容许，还可以使用押韵或前后呼应的语句。行文要流畅，配音者要对整体内容有一定的把握，同时需要注意语气、语调、停顿、重读等的运用。

8.2.5　动画微课的案例

　　国内优秀的动画微课案例有很多，下面介绍物理学科王老师的作品《科学家伽利略》，开场画面如图 8-4 所示。

　　在该动画微课中，王老师自己配音，让伽利略形象作为主体而展开对其个人的相关介绍。为了突出效果，王老师选择的课程风格是较轻快、活泼与搞笑。在 3 分钟时间里，王老师借助伽利略的卡通形象介绍了伽利略的出身、成长、成就和在物理学与天文学上的影响力，如图 8-5 所示。

图 8-4　动画微课《科学家伽利略》的开场画面

图 8-5　动画微课程画面

　　王老师的这个课程是比较经典的动画微课程，在文字上简洁全面，动画制作相当成熟生动。同时，根据实际教学的需要该微课采用了较为搞笑的方式，更能让学生集中注意力，像是观看动画片一样去学习，这是动画微课的魅力所在。

8.3　国内微课的典型案例

　　在国内，由于基础教育领域的微课被广泛采用，从而出现了许多微课大赛。其中，较著名的莫过于"中国微课大赛"。

　　"中国微课大赛"是网络微课领域从业者对"全国中小学教学中的互联网应用优秀教学案例评选活动"的一个特别称呼。赛事本身是由国家教育部指导，教育部教育管理信息中心主办，参赛者主要是全国的中小学教师。其中对于微课的类型有较明确的规定，分为以下五种类型。

讲授型：以学科知识点及重点、难点、考点的讲授为主，授课形式多样。

解题型：针对题目的讲解分析与推理演算，重在解题思路的分析与过程。

答疑型：围绕学科疑难问题进行分析与解答。

实验型：针对教学实验进行设计、操作与演示。

其他型：其他进行教学可采用的类型。

下面主要从以上不同的类型中选取不同学科中部分获奖的微课作品，进行介绍和分析。

8.3.1 《奇妙的动物世界》分析

这是一个二年级的语文视频，由来自东莞市的叶老师讲课。在讲课中，叶老师采用较为简单的配套资料加个人讲课，当堂授课，配套课件主要是 PPT 文件，如图 8-6 所示。

人教版小学语文第四册第五单元（口语交际）

图 8-6 微课程中使用的 PPT 文件

采用当堂授课的方式主要是能够增加学生的互动，体现讲课的实际效果。需要注意的是，在 PPT 文件中，为了让动物形象更为生动，PPT 中增加了动画效果，比如游动的小金鱼。

通过与学生的多次互动，前期主要听取学生的想法，后期则是在此基础上进行讲解。老师在不到十分钟的时间里，充分地传达了"奇妙的动物世界"这个主题，具体的课堂效果如图 8-7 所示。

图 8-7　微课程录制现场中的课堂效果

8.3.2　《匮乏的水资源》分析

《匮乏的水资源》是小学"品德与生活"第三册中的内容，该微课由来自北京的李老师进行讲课。在教学中，李老师采用了 PPT 教学、手工游戏加师生互动的形式去完成，整个微课只有十分钟。其中 PPT 内容与手工游戏的内容是相结合的，部分 PPT 内容如图 8-8 所示。

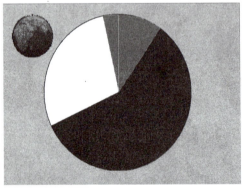

图 8-8　微课程中使用的 PPT 文件

在讲课中，李老师的课堂设计主要由两个方面构成。首先是学生体验。老师从低年级学生的特点出发，从生活出发，引导学生了解水资源的匮乏，一步步展开对水资源匮乏的深入思考和讨论。教学中还从儿童的认知、年龄特点出发，创设学生适于和乐于参与的手工游戏。其次是关注与评价。李老师巧妙地运用有针对性的激励性评价语言，促进学生更加踊跃地参与课堂活动，深入学习。具体的课堂效果如图 8-9 所示。

图 8-9　微课程课堂效果

8.3.3　《圆柱的体积》分析

《圆柱的体积》是小学六年级数学中的内容，该微课由来自亳州的张老师进行讲课。微课程采取的是屏幕录制的方法，内容采用 PPT 加动画的模式，老师画外配音进行教学。具体的表现效果如图 8-10 所示。

图 8-10　微课程教学中的屏幕信息

在实际的教学中，张老师将整个微课程分为 3 个部分，分别是创设情境，生成问题；探索交流，解决问题；回顾整理，反思提升。通过这 3 个部分引导学生进行具体的学习，从而达成本节微课的教学目标——理解圆柱体积公式的推导过程，能够初步学会运用体积公式解决简单的实际问题。

8.3.4　《我的表情我来秀》分析

《我的表情我来秀》是小学五年级"信息技术"课中的内容，主要引导学生认识动画中的表情。该微课由来自潍坊的张老师进行讲课。

整个微课分为两个环节，首先是播放动画《灌篮高手》的片段，让学生仔细观察动画片中的人物表情；然后是让学生回忆开心、愤怒、惊讶、哀伤四种表情，并让师生一起观察和总结学生在表演这四种表情时眉毛、眼睛、鼻子和嘴巴都有什么样的变化。教学采用的部分 PPT 内容如图 8-11 所示。

图 8-11　微课程中使用的 PPT 文件

在不到五分钟的时间里，张老师完成了教学重点——动漫表情的夸张和简练，从而体现了微课的教学优势。

第 9 章

在线教育商业模式探索

　　商业模式是在线教育领域的创业者关注的焦点，也是目前在线教育行业处于探索阶段，没有形成统一认识和系统化的部分。

　　本章主要从不同的角度分析现存在的在线教育商业模式，为投资者提供借鉴。

```
                              ┌─ 提供教育内容的商业模式
                              │
在线教育                      ├─ 网络教育平台的商业模式
商业模式  ─┤
探索                          ├─ 技术开发公司的商业模式
                              │
                              └─ 在线教学平台的商业模式
```

9.1 提供教育内容的商业模式

同样都是专注于教育内容的培训机构，甚至在教材、教学和管理方面几乎都一样，可是为什么有的培训机构的发展蒸蒸日上，有的培训机构却惨遭淘汰？

机构能否存活下去，与能否盈利密切相关。尽管大部分的教育机构在发展初期都能获得融资，但是由于没有明确的商业模式，久而久之难以壮大，最终支撑不下去。

成功的商业模式是让培训学校轻松赚钱的方法，能让所有授课者更加高效地工作，从而打造培训学校核心竞争力。下面从三个方面对提供教育内容的商业模式进行分析，分别是教育培训机构的现状、教育培训机构的盈利和教育培训机构的未来。

9.1.1 教育培训机构的现状

国内每年都有将近 1 亿人参加各式各样的培训，而这些培训从根本上说都需要内容的支持。所以教育培训机构除了直接提供的具体培训形式很重要以外，其提供的内容对于整个在线教育行业而言也是相当重要的。

从教育培训机构的现状来看，中国教育培训机构在海外挂牌上市的已有不少。其中，新东方于 2006 年 9 月 7 日在美国纽约证券交易所成功上市，成为中国第一家海外上市的教育机构。

由中国产业信息网整理的相关信息显示，目前国内教育培训中较有影响力的机构有五家，具体信息如下。

> **新东方教育科技集团：** 集团以语言培训为核心，是一家集教育培训、教育产品研发、教育服务等于一体的大型综合性教育科技集团，在全国 50 多个城市设立了近千家学习中心。新东方累计面授学员近 2000 万人次。

> **好未来：** 这是一家教育科技企业，主要专注中小学及幼儿教育领域，旗下拥有五个主品牌，分别是学而思培优、智康 1 对 1、摩比思维馆、学而思网校和家长帮。2010 年，好未来在美国纽约证券交易所正式上市，成为在美上市的中小学教育机构。

> **学大教育集团：** 集团创立于 2001 年，目前已在全国 80 多个城市开设了 500 多所个性化学习中心，在全国拥有近 17000 名员工。学大教育倡导的是个性化辅导教育，形成以结果为导向，以学生为中心的教学体系及模式。

> **正保远程教育：** 采用高清视频课件并结合手机移动课堂，辅以 24 小时在线答疑和客户服务，倾力打造完美的虚拟课堂。目前拥有 16 个品牌网站，其中影响力最大的就是"中华会计网校"，开设 200 多个辅导类别。

> **环球雅思：** 英国培生教育集团旗下，教育培训行业知名品牌，国内领先的出国语言培训机构。机构的重心在于雅思、托福、SAT、口语、少儿英语等领域，是公认的英式教育和全国出国考试最具规模连锁机构。

除了这五家之外，还有较多有影响力的机构。例如近年来获得国际风投青睐的 IT 培训企业也在不断涌现，达内科技、东方标准、华育国际、汇众益智等机构，相继成为紧随诺亚舟、弘成教育、正保教育等海外上市机构之后的市场生力军。从大众的渗透率角度而言，开课吧与邢帅网络学院等发展势头迅猛。如图 9-1 所示，这是邢帅网络学院的最新官方网站。

图 9-1　邢帅网络学院官网

9.1.2　教育培训机构的盈利

在培训机构，盈利始终是追求的目标，但是做到有影响力又盈利的机构并不多，像新东方的成功，巨人教育的快速发展，都是被认可的成功案例。这种成功不仅仅只是依靠自身的品牌效应，其商业模式一样影响重大。

教育培训机构要形成一个成功的品牌，必须建立在一套成熟的商业模式的基础上。商业模式与品牌互相依存，前者打造机构内部稳固系统，后者成为对外宣传的强大武器，这样两者兼具的机构就具备了广泛的发展前景。

以新东方为例，由于盈利的需要，新东方一直采用大班教学，这在实际教学中出现了一些问题，尤其是互联网时代来临之后，学生个性化的学习需求更加突出，而新东方传统的教育盈利模式则需要改变。

新东方目前的盈利方式还处于探索阶段，首先是线上线下互动的教学模式，通过线下学习一部分，另一部分的学习通过线上完成，从而获得相关的利润回报。在未来，新东方将打造一个移动客户端、线上教学与线下教学的互动式学习模式平台，以弥补线上教育不能保证学习质量的缺陷，有效地把线下与线上相结合，通过拓展网络渠道获得更广泛的用户群体，通过机构内容的培训来获得盈利。

还有一种就是在表现形式上更为垂直化的教育机构，比如"我赢职场"平台，其部分课程如图 9-2 所示。

图 9-2   "我赢职场"平台上的部分 IT 课程

目前，"我赢职场"集成了业内数量较多且成体系的 300 多套 IT 视频。这种机构所构建的平台面向特定用户，从产品设计、课程实施、平台运营和用户服务等都结合用户特点进行。平台的盈利一般是从具体的课程及相关的配套设施等获得。

9.1.3   教育培训机构的未来

教育培训机构的未来在整体上趋势是线上与线下结合，但是在具体的盈利方式上每个平台的选择可能会有所不同，主要分为以下 3 种。

> **第一种：自主摸索型。** 比如新东方等有着较深根基的教育平台，又属于垂直化的领域，别人的成功模式已经没有太多的借鉴价值，需要平台自己选择转型，找到适合盈利的方式。

> **第二种：机构合作型。**对于部分影响力较弱的教育培训机构，依附于互联网平台公司进行合作，扩大影响力，通过线上线下的模式切入赢利点获得盈利。

> **第三种：垂直深挖型。**垂直化教育机构平台的竞争也比较激烈，但是在某一个领域内形成了影响力，就相当于独占了大半个市场。在信息化的社会里，未来垂直化领域的发展更有潜力。

9.2 网络教育平台的商业模式

与提供教育内容的机构相反，互联网平台公司并不直接提供教育内容。互联网平台的特色主要有以下 3 个方面。

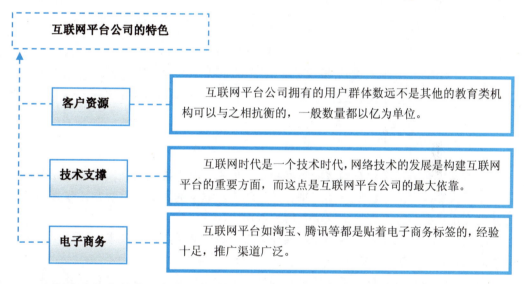

互联网平台公司涉足在线教育之后，主要是搭建在线教育的平台，发掘和聚拢在线教育的潜在客户，同时欢迎其他教育机构入驻，降低在线教育的宣传和推广成本，形成在线教育的支付模式。

9.2.1 互联网平台公司的现状

提供教育内容的教育机构往往在行业内比较有影响力，但是互联网平台公司在国内大众中的影响力更广泛。其中在线教育领域中最为典型的就是人人都有所了解的腾讯、淘宝、阿里巴巴、百度三大巨头，以及以 YY 语音发展起来的欢聚时代公司。

下面对目前国内教育领域中较有影响力的 4 家互联网平台公司进行简单介绍，具体信息如下。

> **腾讯：**依靠 QQ 群的便利性，通过在 QQ 群中添加 PPT 演示、视频播放、屏幕分享等功能，可实现边播放教学视频边和学生互动交流，也可直播教学。一个 QQ 群就是一个网络教室。腾讯还建立有腾讯课堂网络平台。

> **淘宝：**淘宝教育频道通过搭建在线教育平台，将优质的平台商、机构、教师、课程等资源聚拢出来，利用自身的用户、流量优势，为教育培训机构搭建一个承载虚拟教育服务的平台，支持第三方在线教学工具的接入。

> **百度：**百度教育频道一方面通过付费教育机构的搜索流量获得收益，另外一方面建立百度传课平台，涵盖英语培训、建造师培训等多个子频道。百度在教育领域的投入比其他三家都要多些。

> **YY：**YY 教育平台包括多个子平台，其中"100 教育"影响较大，凭借互联网的技术优势，以新型、丰富的展现形式实现了线上即时互动课堂，提供清晰流畅的高音质语音视频服务是 YY 教育的特色。

9.2.2　互联网平台公司的盈利

互联网平台公司在教育领域的发展初期一般不会有直接的盈利模式出现，而是处于一个扩大影响力的平稳发展期。平台的盈利由互联网的本身特性决定，未来的盈利方式会在用户群体扩大到一定程度之后才能形成。

下面选取其中两家互联网平台对其在教育领域的侧重点，以及未来可能出现的盈利方式进行相关分析。

首先是淘宝教育，目前主要通过直播互动和录播视频两种方式进行在线授课。与此同时，淘宝还开发了一些适应在线教学的相关延伸产品。淘宝教育的负责人裴先生曾分享过淘宝教育发展的四个阶段，具体内容如下。

> 第一阶段：淘宝教育主打学习课堂模式。

> 第二阶段：打造教育视频交易系统。

> 第三阶段：其他方的教学视频或工具及淘宝旺旺视频授课工具接入平台。

> 第四阶段：完善直播录播功能，形成完整盈利模式体系。

在未来的盈利中，淘宝教育主要借助直播间完成目标，这个直播间支持多视频互动。每个机构可开设 5 个主会场，每个主会场可开设 50 个分会场。每一个分会场都提供收费功能，可以支持 10 万人同时在线。目前淘宝教育也有直播课程，但处于前期发展中，如图 9-3 所示。

图 9-3　淘宝教育平台上的直播课程

YY 教育平台以网络公开课为主，目的是形成行业内的影响力。目前平台聚集近 800 家国内外知名教学机构和 2 万多著名讲师，已举行过 100000 堂以上的网络公开课，月活跃用户量超过 600 万。

为了构建完整的平台教育系统，YY 教育开发了教育 PPT、教育白板、教育视频、讲师名片、学分系统、课程表等多项在线教育功能。平台已经形成的盈利模式主要针对入驻的老师，也就是佣金盈利模式。

老师入驻 YY 教育平台后，平台向其收取一定的佣金费用，而老师自己讲课的收入基本归于老师。这相当于 YY 教育平台向老师提供了一个地方，然后向老师收点了"房租"。这种模式在淘宝教育也存在，但是 YY 教育用得更为娴熟。YY 教育的官方网站主页如图 9-4 所示。

图 9-4　YY 教育的官方主页

9.2.3　互联网平台公司的未来

与提供教育内容的机构向网络发展形成 O2O 模式相反，互联网平台公司本身就是来源于互联网，其需要完善的只是线下的内容。

需要注意的是，无论是将线下的课程录制好搬到网上，还是将线上的内容直接应用于线下，这些方式都是属于学习方式的简单复制。这种简单复制导致线上的优势不能得以充分发挥，而弱点则被大幅度地放大。

从实际上讲，完善的线上学习和线下学习都应该有不同的产品形式，而不是简单的复制。线上学习的产品在设计上扬长避短，充分发挥线上学习的方便和自主性强的特点，并且避免其学习过程中针对性差、缺乏学习氛围和外在制约力量差等问题。尽管互联网平台公司在未来发展中，与线上和线下不可分割，但是在实际的具体走向中会有一定的不同，主要分为以下几种情况。

> **第一种：平台对抗型。**TAB 作为互联网平台公司中的三巨头，尽管在教育领域的侧重点不同，但是随着平台对市场的瓜分，以及盈利模式的逐渐完善，未来的对抗竞争是必然会产生的，并且碰撞较激励。

> **第二种：平台合作型。**在其他行业，当市场发展到一定程度时，为了避免双方的损失，选择合作也是大势所趋，比如美团与大众点评合并，共同对抗百度外卖等。在未来的互联网平台公司中也可能出现这种情况。

> **第三种：垂直发展型。**当综合型教育平台独占鳌头之后，其他的初创机构选择垂直化发展将是不得不走的路。这种垂直化可以是单个的教育领域，也可以是以地区为界的垂直化发展。

9.3　技术开发公司的商业模式

在教育领域，互联网平台公司拥有较高的技术开发水平，但一般是不可能提供给其他竞争对手的，所以除了互联网平台公司外，还有一些技术公司从事在线教育产品的研发和应用。

技术开发公司注重教育模式的研究与信息技术在教育中的应用，通过加大研发投入，确保最新技术及成果在产品中得到推广应用，不断扩大产品结构与市场规模。需要注意的是，从技术角度而言，技术开发公司对于国内在线教育整个市场和环境的成熟是有一定的促进作用，技术支持是发展的动力所在。

9.3.1　教育技术公司的现状

教育领域相关的技术公司在地理分布上以经济较发达的城市为主，主要是因为国家经济与信息产业发展越成熟，经济较发达的城市就越会形成有利的条件促进技术公司的出现，教育领域的技术公司同样如此。

在现阶段的发展中，教育技术公司在整体上体现了以下几个特点。

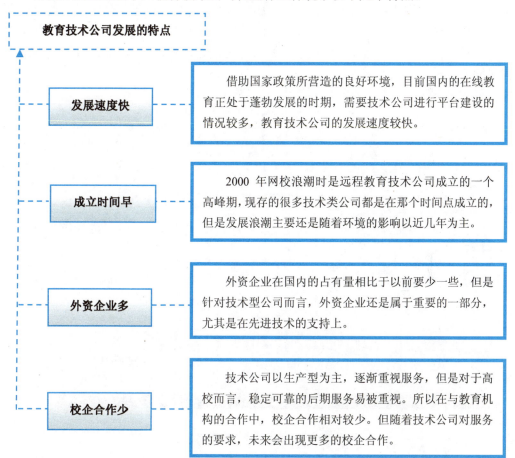

在具体的公司产品上，远程教育技术公司的业务内容较多。根据不同的情况可以分为基础的计算机软硬件和网络整体方案，通信相关软硬件、教育应用软硬件、远程教育的系统软件和整体方案。

按照类型划分，远程教育系统软件可分为三个部分，分别是数字校园、远程学历教学和企业培训相关软件。

9.3.2 教育技术公司的盈利

教育技术公司属于盈利型机构，其面对的客户往往不只是教育领域的公司，但是其开发的相关教育软件与在线教育行业是直接相关的。下面以实际的案例来分析教育技术公司的具体盈利方式。

科大讯飞： 是从事智能语音及语言技术研究、软件及芯片产品开发、语音信息服务的公司；将智能技术应用于教育领域，成功研发并推广，满足从幼儿园到大学不同领域应用需求的、面向教学、考试和学习的系列产品和整体解决方案。同时与出版社及其他相关企业进行合作，通过在教育领域广泛的受众，在技术产品的直接销售上获得足够的盈利。

科大讯飞的官方主页如图 9-5 所示。

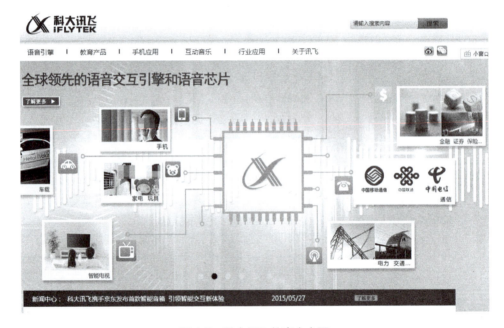

图 9-5　科大讯飞的官方主页

科大讯飞的核心主要是语音方面的技术开发，这也是盈利的基础，具体的语音品以及教育方面提供的产品如图 9-6 所示。

方直科技： 为教师和学生提供的教材配套软件、学习辅导软件、网络在线教育服务。为了扩大在基础教育方面的影响力，方直科技与出版社的合作也十分紧密，与人民教育出版社合作了"教学参考系列光盘"研发项目。

方直科技提供的相关教育产品如图 9-7 所示。

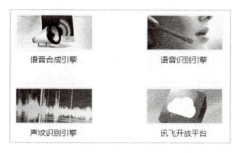

图 9-6　科大讯飞的教育产品

图 9-7　方直科技的教育产品

汇知堂：是以运营在线学习云服务平台为主要业务的软件科技公司。其核心业务包括汇知学习堂、汇知云学堂、汇知数字企业园和汇知网等，不同的业务受众也不同，有些提供垂直化领域的服务，有些提供综合服务。通过充分满足用户群体的全面需求，来获得盈利。

9.3.3　教育技术公司的未来

随着国家信息化环境趋势的发展，现代远程教育的技术支持将以网络通信和计算机多媒体技术为主，相应的远程教育技术公司也大多以高新技术企业为主。

在未来的发展中，向教育机构提供相关的技术服务和技术产品对于企业而言将同等重要。未来的具体产品包括学历教育系统和非学历教育系统，同时更加细化，在服务层次上包含了从幼儿园到高等教育等所有方面，并向其他领域渗透。

在未来的发展中，远程教育的网络基础，将由多种形式归为一种。随着卫星网、互联网、手机移动网络、数字电视网等的发展，未来远程教育的相关技术将不仅仅是网上的，而是跨网式的。不同类型的网络将在教育需求的外部影响下进行集成，共同提供服务。同类网络的互通在目前也已经出现并发展，如清华大学与其他学校的学分互认制，未来所有系统内的网络教育学院将发展成为学分互认。

9.4　在线教学平台的商业模式

　　在线教学平台主要以网易公开课为主。这种模式的本质是，一方面将自己的流量或者用户转卖给内容提供商，利用出售他们的内容来盈利，另一方面打造自身的教育品牌。

　　与其他教育平台类似，这种商业模式首先需要平台提供商自己有网络流量及固定用户，在领域内有一定的影响力。然后将独有的教育资源与其他教育机构提供的内容结合在一起，形成一种固定的教育平台盈利模式。

9.4.1　在线视频课程网站的现状

　　让讲师通过直播或录播视频同时为很多人讲课，将教室搬到了没有地域束缚的线上，让同时在线听课人数可以千百倍于传统课堂。这是在线视频课程网站的特色，但是也需要区分高校建立的自身教育平台，比如清华大学的学堂在线等。目前采用这种模式的公司不少取得了较大的现金流，处于稳步发展中。

　　在线视频课程的优势是让用户能够直接接受，尤其是"1 对 1"的直播模式，教师的反应迅速，服务到位，让客户很容易接受，只要服务贴心，用户就愿意买单。客户愿意付费对中国的在线教育来说十分重要。目前采用"1 对 1"模式作为对外宣传重心的课程网站平台有很多，图 9-8 所示为百分教育平台的宣传图片。

　　从在线视频课程的行业发展角度而言，中国互联网络信息中心在北京发布的报告中指出，国内网络在线视频的使用率保持 62.1%的水平，成为继即时通信、搜索、音乐及新闻之后的第五个网络应用。

　　未来的互联网发展中，视频应用的领域将越来越广泛，使用率也将逐步提高，这对于在线教育中的视频课程网站而言是一个发展的契机，环境将促进视频课程的全面化发展，甚至成为大众生活中必不可少的一部分。

图 9-8　百分教育平台 "1 对 1" 教学的宣传图片

9.4.2　在线视频课程网站的盈利

对于影响力较弱的平台而言，将自身的直播课程或录播课程放在在线视频课程网站平台上是吸引用户的一贯做法。因为用户和技术都来自大型平台，所有入驻机构都可以平等竞争，核心竞争力决定了能否抓取用户。在某些大平台上，有些直播课程有数千人，而有些只有几十人，差异非常明显。但是对于这些平台而言，如果不参与竞争，就只能成为垂直化的平台，或者直接消亡，所以与大型平台的合作盈利不能不进行。

这种模式的竞争门槛很低，模式雷同，对手众多，获得较大收益的主要是提供平台的在线视频课程网站。网易公开课就是属于典型的在线视频课程网站，走在几乎所有的其他平台之前。

其与互联网平台公司在盈利模式上类似，首先是通过和入驻平台的合作获得收益。图 9-9 所示为网易公开课的官方主页，其中可以看到与之合作的平台，比如国内外大学、TED、可汗学院等，但目前所有公开课都是免费的。

图 9-9　网易公开课的官方主页

除了与其他教育机构合作获得盈利之外，网易平台还建有自己的品牌网易云课堂，并通过出售在线视频课程获利，同时容许用户自主创建课程，如图9-10所示。

图9-10　网易云课堂

9.4.3　在线视频课程网站的未来

与其他模式不同，在线视频课程网站要想发展成为 O2O 模式比较难。在教学上的 O2O 需要的是师资力量以及实际的教育机构，如果要发展壮大还需要线下有足够的工作人员，资金充分到位。最初的梯子网平台失败就是因为战线拉得太长，因缺乏资金而倒闭。

下面从网易平台的两种模式对在线视频课程网站未来的盈利模式进行分析，内容如下。

网易公开课
免费模式

未来的发展主要是入驻教育机构的 O2O 模式发展，形成线上与线下的闭环，对于大型平台本身而言没有直接的促进作用。随着 O2O 模式的发展，纯粹提供在线平台的这种方式潜力有限。当然，成长为行业巨头，具备综合发展能力的平台除外。

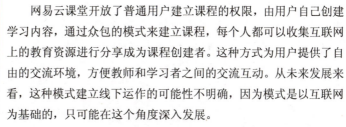

网易云课堂
收费模式

网易云课堂开放了普通用户建立课程的权限，由用户自己创建学习内容，通过众包的模式来建立课程，每个人都可以收集互联网上的教育资源进行分享成为课程创建者。这种方式为用户提供了自由的交流环境，方便教师和学习者之间的交流互动。从未来发展来看，这种模式建立线下运作的可能性不明确，因为模式是以互联网为基础的，只可能在这个角度深入发展。

如果教师与学习者单独建立联系，线下接受教学服务，那么与平台的发展就毫无关系了。但由于网易云课堂将来的发展目标是成为中介，向所有用户提供这一种 1 对 1 的服务，从长远来看，这种模式是可行的。

• 专 家 提 醒

网易教育平台中，网易公开课与网易云课堂其实是一体的。网易公开课走的是免费的课程路线，试图先让用户接受在线学习这一模式，同时形成品牌，从而推动网易云课堂的发展，在未来获得盈利。

网易教育的影响力相当广泛，目前云课堂仅仅只是公开课的一个补充，具体的盈利模式还没有完全形成。从目前公开的资料来看，网易教育平台未来的盈利发展方向尚不明确。

第10章

商业模式的未来：在线教育 O2O

根据中国经济网进行的《在线教育前景与热点分析报告》调查研究，"考试类培训"高居最被看好的在线教育领域榜首，而 O2O 则成为最被看好的商业模式。

本章针对 O2O 这种商业模式的相关方面进行全面分析，重点在于 O2O 的模式发展、O2O 教育生态圈的形成、在线教育 O2O 的商业价值和传统教育机构转变的障碍等。

商业模式的未来：在线教育 O2O	O2O 的模式发展
	O2O 教育生态圈的形成
	在线教育 O2O 的商业价值
	传统教育机构转变的障碍

10.1　O2O 的模式发展

O2O 的意思是 Online To Offline，直接理解也就是从线上到线下，是指将线下的商务机会与互联网结合，让互联网成为线下交易的平台。这个概念最早来源于美国。O2O 的概念在目前的互联网时代应用非常广泛。

2013 年 O2O 模式在国内进入高速发展阶段，开始了本地化及移动设备的整合和完善，在这种环境的推动下，O2O 商业模式横空出世，成为 O2O 模式的本地化分支。下面以生鲜电商与生鲜实体店的 O2O 模式为例，如图 10-1 所示。

图 10-1　生鲜电商与生鲜实体店的 O2O 模式

在图中可以看出，生鲜领域的电商平台与实体店是互补融合的关系，两者的优缺点各有不同，但是通过 O2O 的模式将两者有效地联系了起来，共同打造了 O2O 的商业模式，获得共赢。

了解 O2O，需要对 O2O 模式的运作思维有所认识，主要内容如下。

O2O 模式的运作思维

> O2O 思维的基本法则是价值论，获得价值是 O2O 模式出现的根本原因。

> O2O 需要颠覆行业的传统运作模式，但不是否定传统模式。

> O2O 能够帮助传统行业提高效率并降低成本，获得利润。

> O2O 是建立线上线下融合的运营体系，对产业链形成专业分工与合作。

10.1.1 初期雏形

在线教育领域的 O2O 模式发展过程中，初期的雏形出现在 2013 年，这是中国在线教育爆发的元年。下面将这个过程分为三个方面进行分析。

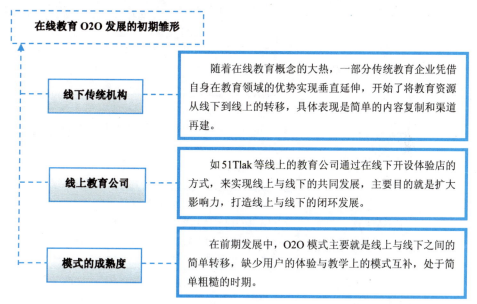

10.1.2 逐步发展

随着其他领域的 O2O 模式取得了惊人的成果，O2O 模式在国内的势头越来越猛烈，教育领域的 O2O 模式也迎来逐步发展的时期。下面将这个过程分为两个方面进行分析。

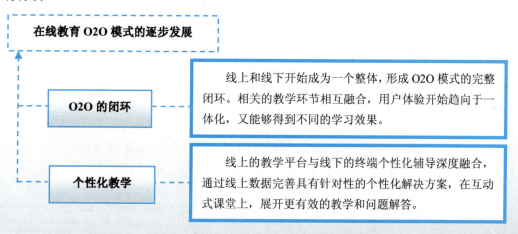

10.1.3　连接所有

在线教育 O2O 模式的闭环形成在发展期间只是处于简单的结构建立，在 O2O 模式发展到成熟阶段时，O2O 模式已经不仅仅只是简单的线上与线下关系，而是一个可以连接所有方面的教育体系。下面将这个过程分为三个方面进行全面分析，相关内容如下。

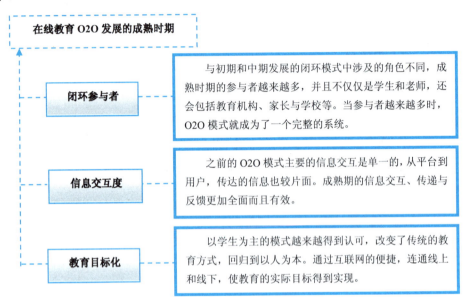

10.2　O2O 教育生态圈的形成

O2O 教育的生态圈是在 O2O 模式发展至成熟阶段而形成的，也是教育领域的 O2O 模式最主要的表现，通过生态圈促进各个教育机构的发展。下面主要从三个方面对其进行分析，要点如下。

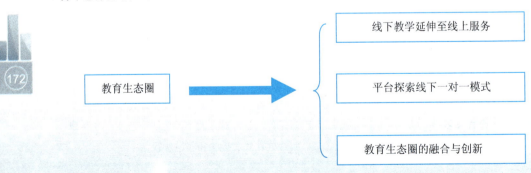

10.2.1　线下教学延伸至线上服务

传统的教育有三个本质，分别是人的品格教育、智慧教育和社交能力教育。传统面对面的教学课堂如图 10-2 所示。

图 10-2　传统面对面的教学课堂

线上教育无法取代面对面的教育，原因就在于线上教育无法完成对人的品格、智慧和社交能力的教育。但是线下教学需要线上服务的便利和影响力，同时打造线上服务也是符合未来发展趋势的根本作为。

将线上教育与传统教育有机结合，将课程梳理、合并建立一个平台，打造一个移动客户端、线上教学与线下教学的互动式学习平台，以弥补线下教育在师资力量、教学限制等方面的问题，并把多年积累的课程体系打通，形成整个教育领域成系统化的教学模式。

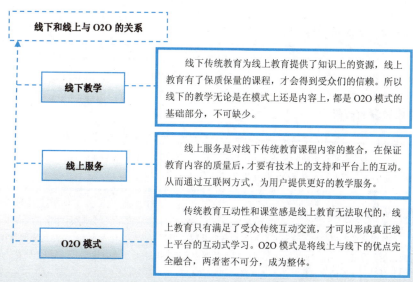

10.2.2 平台探索线下"一对一"模式

对于在线教育而言，O2O 模式的发展逐渐促进了"一对一"教育模式的出现。很多教育 App 应用也同时出现，此类产品试图解决的问题是，当用户在某个领域碰到难题想约个专家当面请教时，就可通过此类平台实现智力资源精准匹配，然后预约碰面进行线下"一对一"交流，按时间与效果双方确定付费额度。

这可以看作是平台探索线下"一对一"模式的一个方面，作为 O2O 模式的重要组成部分，线下始终是教育机构所重视的领域。

"一对一"模式的具体表现如图 10-3 所示。

图 10-3 "一对一"辅导教学

需要注意的是，尽管在 O2O 模式中，"一对一"的形式已经是被广泛采用，但是并不能够证明"一对一"模式一定是未来的发展趋势。要想更深入地认识 O2O，需要将"一对一"模式了解透彻，相关方面如下所示。

"一对一"的单独性

对于实际用户来说，解决一个问题，可能去参加一个群体的研讨或培训班，可以通过众人的交流可以激荡出更多的思路，还能认识更多的朋友，价值的体现并不仅仅只是在问题本身。

专家资源有限性

稀缺的专家资源不可能满足大众的"一对一"需求，优质资源分配不平衡的问题始终是存在的。对用户而言，平台解决的是帮助用户快速找到专家资源，筛选专家资源，但不代表用户可低价约专家，即使有低价，专家资源也是极其有限的。

教育资源垄断性

在线教育的发展趋势是通过互联网实现教育开放、平等、共享，让人人能接受最优质的教育资源。在慕课模式中，理论上讲大学里一门好的课程全世界只需要一位老师即可，所以"一对一"的服务是教育资源的垄断化，而不是互联网开放的表现。

10.2.3　教育生态圈的融合与创新

目前的在线教育是一个炙手可热的领域，发展前景较好。当社会进入知识型时代，在线教育作为充分利用网络技术的教育模式迅速兴起，提供了尽人皆宜的一个学习渠道，成为当前重要的教育模式之一。对于 O2O 模式而言，形成教育生态圈，也就意味着教育的融合已经完成，但是领域的创新还需要在实际中摸索前进。

从生态圈的整体而言，创新主要是基于云计算、实时性、互动性、大数据、知识库等方面形成创新的教学系统，包括为学生提供个性化、定制化学习服务这些方面，但是不仅仅只是如此。在未来的发展中，个性化学习会成为主流，同时其他的相关特色教育模式也会出现。

从平台角度而言，成为将信息技术和传统课堂进行深度融合，集教育培训、文化传播、知识交易为一体的在线教育培训实时互动平台，倡导创新的学习体验，自由分享的在线交流互动环境。通过这种平台，将一切可以学习的知识、技能、文化等进行在线传授、培训、交流和分享。这是平台在教育生态圈环境下的必要创新，也是未来成熟的教育平台的外在表现方式。

10.3　在线教育 O2O 的商业价值

在不断的发展过程中，O2O 的概念已经脱离了最初提出者 Alex RamPell 所认为的"线上到线下"(Online to Offline)的定义，增加了"线下到线上"(Offline to Online)、"线下到线上再到线下"(Offline to Online to Offline)、"线上到线下再到线上"(Online to Offline to Online)等多个维度的新方向。**但是对于在线教育的 O2O 模式而言，无论形式是哪种，其商业价值就是为了改变传统教育领域的商业模式和消费行为习惯，创造新的商业领域。**

下面从三个方面对在线教育 O2O 的商业价值进行分析，内容如下。

10.3.1　产品的延伸

教育领域的产品延伸不仅仅只是包括提供给用户，用于学习的内容，从教育机构的角度而言，可以从三个方面进行整体分析，分别是内容、技术和服务，具体如下。

在线教育 O2O 内容

O2O 模式的在线教育，其教育本质依然是内容为王。无论平台其他方面的技术和服务会如何，没有内容就没有未来。

题库的建设是 O2O 模式的重要一环，也是整个在线教育的重要一环。将传统的教育内容利用互联网模式相整合，进行产品的延伸是实现商业价值的首要条件。

在线教育 O2O 技术

技术的发展不仅仅只是在 O2O 领域中，适用于 O2O 模式的技术就适用于整个在线教育。

首先，基于媒体技术的三分屏模式的网上虚拟课堂，改变传统的学习模式；其次，高清视频课件、课程讲座技术、学习记录软件、内容下载等多功能技术逐步出现；最后，手机看课软件、移动应用等产品，精心打造了移动终端专属的移动课堂，让使用者充分利用碎片化时间学习。这些技术是确保 O2O 模式获得认可，能够形成盈利的重要方面，没有水平的平台是不会获得大众认可的。

在线教育 O2O 服务

O2O 模式的服务包括了线上与线下的两个方面，线上的内容如 24 小时客户服务呼叫中心，随时在线为学员提供各种服务；"先听课，后付费"的高度信任学员机制；建立"网络教学答疑系统"，各个课程均设有专家与学员在线交流，并支持语音互动。

线下的内容如帮助用户快速找到专家资源，筛选专家资源。提供课程选择，建立线下试学课程的机制等。在这个竞争激烈的时代，服务已经成为获得用户信任度的主要环节。

· 专 家 提 醒

最有效、学习者最容易接受的模式就是真人互动，同时提供高质量的教育，所有的内容、技术和服务都是以学习者为中心的，通过数据分析，提供全新学习体验，让更广泛的人群可以随时随地享受最优质的教育资源。

对于教育机构而言，产品的延伸都是为了创造出实际的盈利，在 O2O 的模式下更好地获得用户依赖度。

10.3.2　概念切入点

对于在线教育广阔的范围而言，O2O 模式的切入点相当多，除了如新东方从英语教育方面切入，其他平台有从 K12 教育、高等教育、成人教育、职业教育等方面切入的。**需要注意的是，随着垂直化趋势的加强，未来进入在线教育领域的将不仅仅只是互联网平台和传统教育机构，其中较为典型的案例如珠江钢琴。**

广州珠江钢琴集团股份有限公司，简称为珠江钢琴，官方主页如图 10-4 所示。公司聚焦于乐器文化产业，在教育事业显著发展的当下，珠江钢琴决定从钢琴在线教育的角度切入 O2O 领域，借助线下的产品影响力，实现 O2O 模式转型。

图 10-4　珠江钢琴的官方主页

珠江钢琴进入在线教育领域说明在未来的发展中，这种类型的企业凭借其在产品上的优势拓展教育领域业务也将成为一种趋势。

进入在线教育的不同的切入点，一般都是从企业本身的特色着手的。在短期内，那些新进入教育领域但是已经拥有品牌效应的公司，比如新南洋、立思辰等，会更容易发展起来。

除了切入点不同所打造的商业模式不同之外，还有就是会员制，常见的会员卡如图 10-5 所示。

图 10-5　会员制中代表会员身份的 VIP 卡

O2O 整体的商务模式也是十分重要的，其中一种整体适用的方式就是会员营销系统，会员制度的凝聚效果比大部分的其他营销方式都要好些，甚至可以认为这是 O2O 营销模式的基础，即使在线教育领域中的 O2O 模式尚在摸索中，会员制也是值得注意的方面。

O2O 模式由整体而言是在网上寻找消费者，然后将他们带到现实的商店中。它是支付模式和为店主创造客流量的一种结合，实现线上的购买，线下的服务。这种模式更偏向于线下，更利于消费者，让消费者感觉消费得较踏实。

对于在线教育模式而言，目前还没有发展到这个程度，但是作为 O2O 模式的价值所在，未来的发展中在线教育必然会形成整个商业模式在现实中的系统化，并从中创造商业价值。

10.3.3 实际的盈利

O2O 根据实际情况的不同，可能有很多种不同的形态，其中最基本的模式就是通过免费内容或者运营，让线上平台获取用户和流量，将用户吸引到线下开课，或者让学员到加盟的线下机构上课，从而获得盈利。

首先对这种模式的优势和核心进行分析，具体内容如下。

O2O 模式的优势

模式简单，实际上的收益高。这种模式与平台模式的区别在于，平台模式主要用录播视频或者直播视频。O2O 的模式是把用户引导给面授机构，只要把控用户需求，吸引到用户，收费不成问题，而且符合传统的消费习惯。

O2O 模式的核心

核心在于教育产品和运营方式。教育产品一定要匹配用户的需求，而且方便协作，充分利用互联网的优势。运营方式就是在产品成熟的基础上，通过不同的方式让用户数量更多。只有用户多了，才有出售用户的可能性，才能够通过 O2O 模式获得收益。

这种最简单的 O2O 模式的实际盈利就在于线下的具体授课收费，其实线上的作用只是线下的一个推广和补充，相对而言发展潜力有限。但是做到足够强大的话，也能够成为一个行业巨头，互联网 TAB 三巨头中的百度就是这种。通过线上的搜索和推广功能，使用户群体在线下的实体店铺中进行消费。

除了简单的 O2O 模式之外，就是目前大部分在线教育机构推行的"一对一"教育模式，通过线上教学和线下教学的统一结合，形成一个 O2O 的教学系统。实际的盈利根据实际的教学来收费，或者通过会员制来进行盈利。

下面对这种模式的优势和核心进行分析，具体内容如下。

"一对一"模式的优势

教育产品层次较低，难度不大，同时市场需求量较为广泛。比如某些机构采用新加坡外教进行教学等，这些老师往往只是在亚洲的普通外国人，但是从外语的角度而言进行教学肯定是没有问题的。同时老师的薪资水平仅仅相当于中国城镇的普通人薪资，这样的纯种外教收费与低薪水的支出，配合国内的需求量就营造了巨大的商业机会。

"一对一"模式的核心

整个模式最核心的价值就体现在"一对一"上，一般来说，教育的主要成本就是在师资上，但新加坡外教这种属于例外。其他的教学领域如果师资上控制不好，留不住优秀的讲师，或者整体的成本较大，都会导致模式的破产。实际上而言，只要选择了用户有大量需求的市场，那么"一对一"模式成功的概率是比较高的。

10.4　传统教育机构转变的障碍

在国内，传统的教育机构转型是一种大趋势，但是这种趋势的出现主要是以 100 教育的发布为标志的。100 教育的 LOGO 如图 10-6 所示。

图 10-6　100 教育的 LOGO

100 教育就是以 YY 语音为主导的欢聚时代公司进军在线教育领域的产品，被认为是新兴教育模式挑战传统教育模式的开端。同时传统教育机构中的学大教育集团高调进军在线教育 O2O 模式，将线上与线下模式结合，充分展现自身在线下的资本，创造新的盈利模式。

这两个不同类型的公司都在在线教育领域都较为优秀，也就促使了国内传统教育机构的大转变浪潮。但是被目前业内人士统一认可的是，传统教育与 O2O 模式的结合并没有诞生真正在用户群体中造成极大影响力的产品，甚至传出了在线教育即将迎来行业泡沫的危机。

先来了解传统教育机构转变会遇到的障碍，主要是分为两方面，分别是摸索阶段的局势不明和传统机构的盈利考虑。

10.4.1　摸索阶段的局势不明

2015 年 11 月，银润投资公布了 55 亿元再融资方案，拟以 23 亿元收购学大教育，其余的资金全部投向 K12 教育培训产业，公司也正式跨界进入教育领域。

如果说这证明了机构转型的明确性，也不一定。因为从学大教育本身而言，其财报显示，2013 年、2014 年、2015 年，学大教育分别实现的营业收入呈现缓慢下降的趋势，未来的发展已经不太明朗。

如图 10-7 所示，这是学大教育的长沙版面。

图 10-7　学大教育的长沙版面

从其他的教育机构而言，新东方发布 2015 年的财报显示，其净利润比同期下降2.6%，在线业务收入增长 39%，未来重点投资在线教育产品和服务；好未来推在线"翻转课堂"，试图通过在线教育扭转亏损状况。

互联网教育研究院院长在接受媒体专访时表示，2015 年前中国在线教育领域经历了第一波浪潮，当时有非常大的泡沫，由此判断"2015 年将是在线教育企业数量达到顶峰的时间节点"，2015 年以后会出现什么样的局势并不明确。对于传统教育转型互联网模式而言，这并不是一个好消息。

10.4.2　传统机构的盈利考虑

对于传统教育机构而言，转型几乎就等于重新创业，不仅仅是运营环境不同，连盈利模式也不同，甚至受众都不同。

在市场环境剧烈变化的时候，都会出现各种机构的创始人或高管离开，之所以出现这种情况，就是因为促进企业发展的步伐需要的是新的人才，而不是局限于传统思维的创业者。这个问题并不被大多数机构所重视，但是对于想要转型的机构而言，却是相当致命的。

机构转型必然需要新鲜的血液提供活力，但是对于原本的机构内人员而言这是一种巨大的危机，就像一部分老教师始终拒绝在线教育模式一样，担心的是因此而失去了自己的饭碗。转型就是改革，是新一轮的利益分割的风暴，多数人想着的只是原本属于自己的那一亩三分地，尤其是对于公司制度及各个方面已经相当成熟的教育机构而言，整体上必然缺少重新创业的一种动力和勇气。

在线教育机构在整个行业需要面临的竞争强度相当大，如果外有强敌，内有忧患，企业如上下不能形成一条心，那么转型也就是自找死路。下面从实际的三个方面对传统教育机构的转型进行具体分析，如下所示。

实际的盈利相关 ➡

> 转型需要人才，需要资金投入，甚至需要重新开辟市场，都需要足够的资金，不然难以成气候。
>
> 这不仅仅需要公司内部人员的团结，更需要领导者的大舍大得，但是如果失败，就像梯子网的创始人一样，结局将是相当难以接受的。同时传统教育机构转型，必然是走 O2O 模式，而在线教育 O2O 单就连接这一环节就需要较长时间的建设，何况还有推广、运营、成本等各种延伸的问题。

实际的战略定位 ➡

> 企业做在线教育 O2O 的过程中，盈利效果、市场潜力、产品反馈等是衡量成果最直观的数据，但教育本身就是慢性的产品，即使在线教育模式如何先进，也需要用户经过一段时间的使用才能够体现出来。
>
> 如果这种战略定位不适合，那么就需要改变，比如梯子网创始人创建 91 外教之后，觉得战略定位不恰当，于是转型做梯子网和那好网，结果战略尚未确定，平台已经被资金链的断裂所摧毁了。不断的调整人事、目标或者定位是机构在转型过程中不能不进行的，但是如果资金不够，那么就必将失败。

实际的教育环境	⇒	因为转型必然会遇到困难，所以一部分机构就选择了随遇而安，得过且过的模式，继续采用原本的教育方式进行盈利。 这就与一叶障目毫无区别，互联网时代的迅猛已经将很多的企业拍死在沙滩上，其中最典型的就是柯达和诺基亚。率先发明数码相机的柯达，被数码时代遗弃；首度研发出手机触摸屏技术的诺基亚，同样也沦落在触摸屏时代。 鼠目寸光、固步自封的这种行径会让整个机构在互联网时代死得无比迅速，这个道理同样适用于教育领域。

•专 家 提 醒

传统教育转型 O2O 并没有像表面上看起来那么简单，但这确实属于大势所趋。目前教育行业没有其他任何的模式能够超越 O2O 模式的影响力和其直接创造盈利的能力，因为教育产品是可以做到在线体验的，不仅仅是全免费的平台，即使是收费平台也会有一部分课程专门用于用户体验，这是餐饮、家居等其他行业 O2O 模式无法做到的独特优势。

案 例 篇

案例篇

网易公开课：影响力广泛的教育平台

100 教育：针对不同领域的重点发展

学大教育：打造优质学习平台

学而思网校：品质成就品牌效果

TAB 三巨头：依靠人气锐意进取

新东方在线教育：一站式学习服务平台

经典失败案例：梯子网是如何办砸的

第11章

网易公开课：影响力广泛的教育平台

国内在线教育领域中并没有一枝独秀的情况出现，诸多的教育平台相互竞争，共同营造了国内在线教育行业欣欣向荣的景象。

网易公开课平台的目标是创造一个公开的免费课程平台，在国内的影响力较大。本章主要分析网易公开课平台的课程优势、成功因素等内容。

网易公开课：
影响力广泛的
教育平台
{
- 网易公开课平台概述
- 平台的课程优势
- 平台的成功因素
}

11.1 网易公开课平台概述

在 2015 年，《互联网周刊》杂志对 2014 年的中国在线教育市场进行了一次梳理，并从知名度及影响力、创新能力、用户体验以及未来发展潜力四大维度列出了行业前 100 位。

这个榜单中出现的名字都是在国内较有影响力的平台。其中，网易公开课以总分 8.93 的评分位列首位，同时网易在线教育的另一平台——网易云课堂以 8.12 的评分位列第四位。网易在线教育整体影响力暂时领先于其他平台。

网易公开课和网易云课堂的区别如下。

平台定位

网易公开课：这是一个公益性质的用于陶冶情操、提升个人附加价值的学习平台，主要内容是理论素养和人文情怀。平台力求为爱学习的网友创造一个公开的免费课程平台，所有相关的内容都是免费的。网易公开课的目的是秉承互联网精神：开放、平等、协作和分享，让知识无国界。

网易云课堂：是以实用技能类内容为主，衔接高等教育和职业应用而打造的一个综合学习服务平台。该平台于 2012 年 12 月底正式上线，主要为学习者提供海量、优质的课程，用户可以根据自身的学习程度，自主安排学习进度。立足于实用性的要求，使网易云课堂与多家教育、培训机构建立合作。网易云课堂是一个收费与免费并存的综合型学习平台，承担起了增强实用技能的责任。

具体表现

网易公开课：用户在线免费观看来自于哈佛大学等世界级名校的公开课课程，以及可汗学院、TED 等教育性组织的精彩视频，内容涵盖人文、社会、艺术、科学、金融等领域。

网易云课堂：目前有近 6000 门课程，覆盖近 20 个教学领域，百余个细致分类，近 5 万个课程视频，超过 700 万注册用户。涵盖实用软件、IT 与互联网、外语学习、生活家居、兴趣爱好、职场技能、金融管理、考试认证、中小学、亲子教育等十余大门类。

　　由上面两个方面可以看出，网易云课堂是免费与收费并存的在线学习平台，而网易公开课是完全免费的在线学习平台。两者的内容在侧重上有所不同，但是从网易教育的整体范畴上而言，公开课与云课堂是相互补充的。公开课建立的用户数量优势能够转化为网易云课堂的课程盈利。

　　因为网易公开课在模式上更为典型，而网易云课堂可以看作是公开课免费模式的一个延伸平台，本章主要介绍的是网易公开课的相关情况。

11.1.1　网易公开课平台的出现时间

　　网易公开课，于 2010 年 11 月上线，是一个汇集国内外名校公开课和演讲的免费、轻量的在线学习平台。目前有 3000 余门课程，内容覆盖 22 个领域，原创专题 400 多期，用户超过 2000 万，移动端安装量超过 4000 万。

　　网易教育之所以建立公开课平台，主要是在彰显教育公益的同时，希望在网站视频竞争红海中走一条差异化路线，通过品质建树口碑，利用口碑招揽人气，这和网易平台提出的"做有态度的门户"的口号用意是一致的。以目前网易公开课在国内的影响力而言，也确实达到了这一目标。

　　网易公开课平台创建时，最初的界面比较古朴，以图书馆为背景，如图 11-1 所示。

图 11-1　网易公开课最初的界面

11.1.2　网易公开课平台的发展状况

　　网易公开课平台的发展主要表现在公开课的课程数量及规模的增加，同时平台的运作模式也逐渐成熟，具体的历程如下。

发展初期	网易推出"全球名校视频公开课项目"，首批1200集课程上线，其中有200多集配有中文字幕。用户可以在线免费观看来自于哈佛大学等世界级以及国内名校的公开课课程。
发展中期	平台持续招募国内外翻译人才，提供翻译费用，免费让用户在线观看和下载，很快对外推出了"可汗学院课程"。网易2011年11月9日宣布网易公开课项目正式推出中国大学视频公开课。
发展现状	目前网易公开课依旧在主打翻译课程和引进其他教育机构课程，除了可汗学院、国内外大学公开课之外，又推出了TED、Coursera等相关课程。

11.1.3　网易公开课平台的影响

网易公开课的影响力不仅仅只是口头上说说而已，下面从知名度、创新能力、用户体验和发展潜力四个方面深入分析网易公开课的魅力所在。

网易公开课的知名度

网易公开课在国内的同类型平台中出现的时间较早，平台上的课程资源全部来自哈佛大学等国内外的顶尖知名高等学府和可汗学院、TED等教育性组织，同时还包括一些其他性质的组织。整体而言，平台内容涵盖了诸多领域，课程质量上乘。在用户数量上，超过2000万人，在同类型的平台中是极其少见的。

网易公开课的创新能力

公开课的创新体现在平台的原创专题上，主要有"公开课视角"、"爱上公开课"、"趣味课堂"、"百科青年"等系列，这些内容与时事热点、社会流行兴趣相结合，更受用户的喜欢。同时平台推出了以营销为主题的"态度公开课"系列课程，通过专家学者或者知名企业CEO的讲学，使大众更深入地了解营销。

网易公开课的用户体验

　　作为以视频课程为主的平台，为用户提供视频资源是必须的，但是网易公开课不仅仅只是单纯的课程提供者，平台还提供相应的服务，比如在课程上，用户可以直接使用有道词典来查看外语单词；在客户端上，已经实现了移动平台的覆盖。为了提高用户的实际体验效果，网易公开课专门成立了字幕组，组织国内外的翻译人才有计划地翻译国外的精选课程，通过提供带有汉语字幕的课程获得用户的稳定性。

网易公开课的发展潜力

　　网易公开课的模式已经接近成熟，各个方面初显繁荣，无论是资源数量、用户数量、产品口碑和品牌知名度等，都是国内同行业中的领跑者。在未来的发展中，网易平台也将为这款产品提供更优质的人力和物力支持，拓展公开课的范围与质量，积极促进公开课平台的影响力，所以其发展潜力是相当巨大的。

11.1.4　网易公开课平台的网站设计

　　互联网的相关产品，无论平台设计得如何华丽，落脚处还在于用户体验，使用者才是产品的上帝，每款产品都必须对用户需求和用户体验予以重视。但是并不是说平台的网站设计就不重要，一个让人舒服的平台界面，简单易懂的操作对于获得用户的第一好感很重要。

　　在平台过去的界面设计中，注重的是图书馆的古朴感，相关的主页与视频播放页面如图 11-2 所示。

图 11-2　网易公开课以往的平台界面

　　随着平台的发展，团队对于平台的网站设计进行了完全的更改，目前平台的相关界面如图 11-3 所示。

189

图 11-3 网易公开课现在的平台界面

·专家提醒

　　从平台相关界面的变化对比中可以看出，网易公开课始终追求的是如何让用户操作更简便，同时在平台上尽可能地突出重要内容，对于其他不重要的方面不突出显示或者直接去掉，营造一种简洁感。

11.1.5　网易公开课平台的受众群体

　　网易公开课的受众群体极其广泛，如果加上网络云课堂面向的基础教育和职业教育，那么几乎任何人都可以在网易教育平台上找到自己想要学习的内容。这也是为什么网易公开课的受众达到 2000 万之多的原因，内容覆盖广泛，也就让使用者数量不断增加。

　　还需要注意的是，国外教育在某些方面比国内教育要开放，有些知识对于国内教育而言是缺乏的，但是网易公开课在引进国外课程方面相当广泛，在谨慎的原则下尽可能地采用具有实际效益的课程，如图 11-4 所示，这是点击量超过 100 万的课程。

图 11-4　网易公开课上的部分国外课程

　　随着网络的发展，网络知识的泛滥程度让很多人忧心忡忡，但是作为一种未来发展的大势，与其压制，不如有条理地进行引导和控制，尤其是对于青少年而言，这与国内教育普遍性的意识是完全不同的。

　　开放并不是一种罪，引导才是教育者需要做的。公开课的作用是传播有益于人们生活的知识，网易公开课的大胆引入也是其创新的一个方面，同时使平台获得了更多的受众群体。

11.2 网易公开课平台的课程优势

下面主要对网易公开课平台的相关课程进行介绍。在任何教育平台上，课程是核心竞争力，而网易公开课之所以稳压其他平台，就是凭借其免费而全面的课程优势。如图 11-5 所示为平台上的课程分类。

图 11-5 网易公开课上的课程分类

11.2.1 国际名校公开课

在网易公开课平台上，每一个课程分类都是单独的一个界面，点击国际名校公开课后进入的界面如图 11-6 所示。

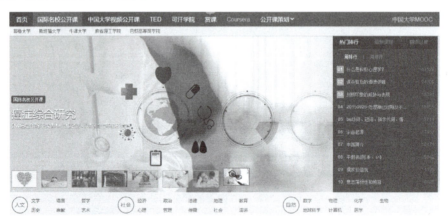

图 11-6 国际名校公开课的界面

在这个界面中，用户可以选择耶鲁大学、斯坦福大学、牛津大学、麻省理工学院和巴黎高等商学院的相关课程，同时界面右侧显示国际名校公开课这一单独界面的热门排行、最新课程和翻译进度。

界面有导航分类，分别是人文、社会和自然，共有 19 个不同类别供用户选择，范围极其广泛。需要注意的是，每个细分的类别都有更为细致的课程导航界面，用户可以一目了然地查看细分类别中的所有课程，如图 11-7 所示为部分课程导航。

图 11-7　部分课程导航

11.2.2　中国大学视频公开课

中国大学视频公开课的相关界面如图 11-8 所示，与国际名校公开课相比，界面中可供选择的大学更多，同时课程全部是中文，不需要单独翻译。

图 11-8　中国大学视频公开课界面

目前与平台有合作关系的大学有北京航空航天大学、吉林大学、中国人民大学、东北大学、山东大学、武汉大学、浙江大学、复旦大学、南开大学、北京大学等，对于大众而言，这些课程不通过教育平台，是很难接触到的。

11.2.3　TED

TED 是英文单词 Techndogy(技术)、Entertainment(娱乐)和 Design(设计)三者的缩写合称，是美国的一家私有非营利机构。该机构以它组织的 TED 大会著称，这个会议的宗旨是"值得传播的创意"。

TED 的课程都是极其实际化的内容，不会出现任何的泛泛之谈。同时在课程教学设计和内容上都讲究创意，紧追时代的脚步，这在国内极其少见。其课程分类不是按照科目，而是按照课程的表现效果划分，分别是惊讶、说服、勇敢、创意、迷人、鼓舞、美丽、幽默和信息十个类别，每个类别都有具体的课程导航。

TED 界面上的课程如图 11-9 所示。

图 11-9　TED 关注欧洲难民的课程

图 11-9 中关注欧洲难民的课程，仅在难民海滩事件发生之后的几天内就完成了制作和翻译，同步引入国内，课程信息的及时性和平台的引入效率是十分惊人的。

11.2.4　可汗学院

可汗学院，是由孟加拉裔美国人可汗创立的一家教育性非营利组织，旨在利用网络影片进行免费授课。

目前的平台上主要有关于数学、历史、金融、物理、化学、生物、天文学等科目的内容，平台受众主要是有着相关学习需求的在校学生。可汗学院的相关课程如图 11-10 所示。

可汗学院的教学课程主要由可汗个人完成，所以相比于其他类别的课程而言，范围不是特别广泛，影响力也较为有限。

图 11-10　可汗学院的相关课程

11.2.5　赏课

赏课的重点不是在于知识的传播，而是知识的欣赏，其中既有纪录片式的欣赏，也有讲解历史式的欣赏。范围广泛，题材不限，能够符合欣赏目标的都可以在赏课中找到。

如图 11-11 所示，即为其中的一门课程——《女王的宫殿》。

图 11-11　赏课的课程《女王的宫殿》

赏课部分的分类也极其标新立异，与常见的国内千篇一律的分类迥然不同。赏课分为四个部分，分别是看到和听到、关于吃、动植物特写与探索未知。其课程导航如图 11-12 所示。

图 11-12 赏课的部分课程导航

11.2.6 Coursera

2013 年 10 月，Coursera 宣布与网易公开课达成合作，网易将为 Coursera 提供视频托管服务，并在网易公开课开设 Coursera 官方中文学习社区。

Coursera 课程的特点主要有三个方面，分别是直接获取 Coursera 的课程内容，包括国外著名大学教授的授课视频；把 Coursera 内容翻译成中文，推荐热门课程，持续同步更新课程；邀请 Coursera 的教师入驻论坛，与学生进行交流，并支持学生间互动讨论、共同成长。

Coursera 的课程界面如图 11-13 所示。

图 11-13 Coursera 的课程界面

Coursera 课程与网易云课堂的模式是类似的，属于慕课模式，课程只分为已经上完的课程和将要开课的课程两个方面。用户可以根据自己的喜好进行课程选择，但是选择之后需要在特定的时间去完成相关课程的学习，同时完成相关作业。

11.3 网易公开课平台的成功因素

网易公开课能够成功不仅仅是单一的因素所导致的。对网易公开课的成功进行分析，对于平台的未来发展必然有所帮助。下面从六个方面进行相关分析。

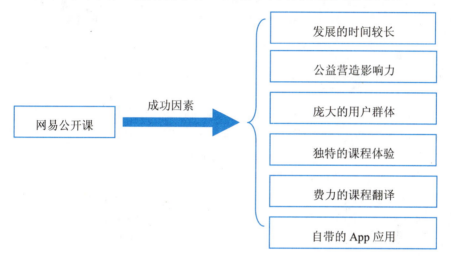

11.3.1 发展的时间较长

网易公开课于 2010 年 11 月上线，在那个时间段，国内的在线教育行业还处于前期的发展阶段。2013 年以后，国内的在线教育市场才开始迅速成长，并引发资本市场进行投资的热情。因此，具备前瞻性是网易公开课平台成功的基础。比如众筹领域中的众筹网，之所以能够在 TAB 等互联网巨头的竞争下占据一定地位，就在于其远比其他平台出现得要早。时间，对于平台而言，同样是一个优势所在。

随着时间的推移，目前国内的公开课平台已经出现了很多，其中较有影响力的如中国大学 MOOC 平台，如图 11-14 所示。

网易公开课在发展的时期里，会逐渐地将平台定位、运营模式及网站设计等方面变得更为成熟，从而在细节上赢得用户群体的支持，新创的教育平台在这方面是很难做到相同的水平。平台的摸索阶段将会耗费大量的时间与资金，在成熟之后才能够成为一个具有影响力的平台。

图 11-14　中国大学 MOOC 平台主页

11.3.2　公益营造影响力

截至 2015 年 11 月，根据网易平台的相关统计，5 年的时间里网易公开课移动端累积装机量达 4300 万；视频库存总量 30000 个，累积约 100 万分钟；视频累积跟帖量 1587 万，累积约 31740 万字；用户日均观看时长 28 分钟，月累计时长 13 小时。如此巨大的影响力，公益模式在其中的作用不同凡响。

网易公开课是一款纯以内容取胜的互联网产品，所有的一切资源都是免费的，连广告都不能出现在页面上，从大众的角度去理解，它具有只投入、无经济产出的纯理想主义项目色彩。在这个经济至上的时代，敢于建立这样的平台是需要一定的勇气的，尽管在后期可以利用用户资源进行推广获利，但是公开课这种模式注定了其未来的发展有限，尤其是在利益上。

与目前其他的同类型平台不同，其他的平台欢迎机构的入驻，同时会遵守其他机构的要求。但是网易公开课不接纳所有的教育机构，并且入驻机构需要按照它的要求来，不容许出现广告等行为，必须为整个平台服务，进而为平台的受众服务。

网易的 CEO 曾公开表示了对网易公开课的理解，认为通过互联网这个传播手段，让每一个中国人都可以在互联网上获取来自世界名校的优秀知识，这是一个意义非凡的行为。

让知识的获取变得没有国界，没有时界，随时随地，这就是网易公开课的目标，也是其公益性最为突出的表现。

11.3.3　庞大的用户群体

网易本身就是国内领先的互联网公司，在中国互联网行业内率先推出了门户网站、在线游戏、电子邮箱、电子商务等多种服务。网易早在 2000 年就已经在美国上市，目前在中国互联网百强名单中位列第四，仅次于腾讯、阿里巴巴和百度三大巨头。

虽然网易与这三巨头相比，在用户群体规模上相差较远，但是同样拥有固定的庞大用户量。这对于促进网易公开课平台的发展是极其有利的，在现在的互联网环境中，用户量就是成功的基础。如图 11-15 所示为网易的宣传标志。

图 11-15　网易公司的宣传标志

从网易公开课平台的角度而言，最初的发展是借助于网易公司的影响力。当品牌效应建立之后，网易公开课就成了一个单独的平台，能够聚集大量的用户。

11.3.4　独特的课程体验

任何教育平台的核心竞争力都是课程。尽管网易属于互联网公司，并不是传统的教育机构，在教育资源上没有其他的教育机构那样有资本，不过随着近几年的发展，借助入驻平台的影响力，最终成就了网易公开课的独特性。

在课程选择上，用户可以找到自己需要的内容，这部分内容在平台的课程优势部分已经有详细的介绍。从课程播放界面来讲，网易公开课注重简洁和互动，同时提供给用户尽可能的便利，比如类型课程的推荐等，其界面如图 11-16 所示。

图 11-16　网易公开课的播放界面

无论是在课程的引入上，还是在课程的体验上，网易公开课的主旨都是以人为本，尽可能地让用户体验到在其他平台体验不了的方面，创造独特的价值，为平台的发展提供前进的动力。

11.3.5　费力的课程翻译

在网易公开课的运营上，平台花费精力和资金最多的就是课程翻译。

网易配备了专业的字幕翻译团队，从平台成立之初开始就一直在加大公开课程的翻译力度，更深入地参与到公开课程的翻译和制作环节，通过稳定和专业的翻译团队，提升课程的中文质量。

根据平台负责人的介绍，网易在公开课项目上的投入已经有数千万资金，其中大部分是用于翻译和制作费用。

除了固定的翻译团队之外，网易公开课平台还会不定时地招募人员，以免费或提供资金的方式促进课程翻译进度，如图 11-17 所示。

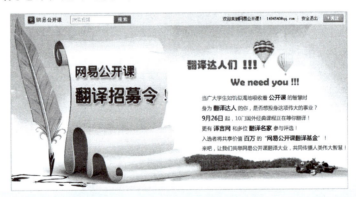

图 11-17　网易公开课招募人员的公告

11.3.6　自带的 App 应用

网易作为互联网公司，深知移动端的重要性，所以 App 应用的开发是从平台上线之时就同步进行的。

网易公开课的 App 软件是一款学习应用平台，用户使用 App 可以随时随地地学习。该 App 软件提供完整高质量的视频学习资源，让使用者无成本、无障碍地了解世界前沿的新思想。经过几年的发展，这款软件已经相当成熟，但是在未来依旧是发展的重点。

App 软件可提供的内容主要包括名校课程、视频下载、进度记忆和收藏课程等，如图 11-18 所示。

图 11-18　App 软件提供的内容

App 软件在移动端的表现效果如图 11-19 所示。

图 11-19　App 软件在移动端的表现效果

第12章

100 教育：针对重点领域的重点发展

国内的在线教育市场广阔，除了网易教育这种占据天时、地利、人和的平台之外，还有一些后来居上的平台，其中最典型的就是 100 教育。

本章主要分析欢聚时代旗下的 100 教育平台的发展情况，分别从平台概述、平台的优势、平台的成功因素和平台未来的发展等四个方面展开具体分析。

```
                              ┌─ 100 教育平台概述
                              │
                              ├─ 100 教育平台的优势
100 教育：针                   │
对重点领域 ───────────────────┤
的重点发展                     ├─ 100 教育平台的成功因素
                              │
                              └─ 100 教育平台未来的发展
```

12.1 100 教育平台概述

与其他的教育机构相比较，**100 教育属于一个相当年轻的平台，因为其出现的时间相当晚，**2014 年才正式上线。其独特性在于平台的定位是一个在线教育服务平台，由欢聚时代创建的。欢聚时代的产品中最具代表性的就是 YY 语音，本身并不属于教育行业的机构，属于空降教育行业，为了利润而开发了这个平台。

在现阶段，100 教育平台包括以下四种形式。

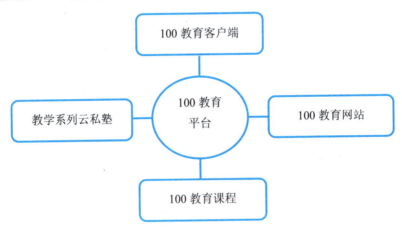

12.1.1 100 教育平台的出现时间

欢聚时代在 2014 年 2 月 25 日推出了独立的在线教育品牌，这就是 100 教育。

100 教育在成立之初从托福和雅思免费强化班的角度，切入了在线教育领域。随着一段时间的发展，100 教育将平台的定位分为以下三个领域。

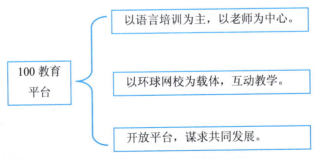

需要注意的是，这三个领域正是国内竞争最激烈的领域。无论是以留学培训切入在线教育，与新东方等相竞争，还是推出开放平台战略，直接对抗 K12 领域的其他老牌机构，在当时都是石破天惊的事情。100 教育就是明知山有虎，偏向虎山行。

12.1.2　100 教育平台的发展状况

　　100 教育的发展历程十分清晰，属于相当年轻的一个教育平台，与其相关的主要发展步骤如下。

> 　　2014 年 2 月 25 日，100 教育独立品牌正式发布，100 教育首期免费托福、雅思强化班课程在官方网站启动预约报名。

> 　　2014 年 4 月 18 日，100 教育独立客户端及 100 教育移动 App 正式发布上线，提供移动教学服务。

> 　　2014 年 8 月 21 日，100 教育推出 K12（基础教育）开放平台，宣布正式进入基础教育的平台竞争中。

> 　　2014 年 12 月 12 日，100 教育收购国内规模最大的在线职业教育机构——环球网校，宣布正式进入职业教育领域。

> 　　2015 年 6 月 24 日，100 教育推出个性化教学系统"云私塾"，该系统是继 100 教育收购环球网校后推出的首个产品，加速在线教育的个性化学习进程。

12.1.3　100 教育平台的影响情况

　　100 教育的影响力相对较弱，但如果和其发展时间相比较而言，平台在同类型网站中已经相当突出。下面从知名度、创新能力、用户体验和发展潜力四个方面深入分析 100 教育的影响情况。

100 教育的知名度

　　100 教育的前身 YY 教育在 2014 年的中国在线教育综合水平排行榜中以 7.53 分位列前 20。著名投资人雷军和李学凌都对 100 教育进行过大额的资金投入。同时托福、雅思强化班的免费，四六级相关课程的永久免费都对知名度的提升有所帮助。

100 教育的创新能力

　　100 教育在 2015 年发布了未来的产品战略，将继续全力推进免费在线课程和基于网络的、智能化的、个性化的教育模式的大变革。创新主要在于产品的表现模式和"一对一"的教学模式，同时结合个性化教学系列"云私塾"，以创新去占领市场。

100 教育的用户体验

　　100 教育内容包括多个方面，如 K12 领域的"一对一"教学、留学领域的外语培训、职业方面的教学以及家长学院等，较全面地覆盖了领域内的相关内容，同样从细节入手，通过用户的良好体验打造品牌。

100 教育的发展潜力

　　由于教育信息化的加快推进，以及互联网飞速发展等因素，在线教育市场已经相当繁荣，100 教育就是在这种环境下进入的。在移动端，随着移动互联网的兴起，在线教育逐渐平移到手机移动端。教育类 App 在 2014 年底就已经超过了 7 万个，占据应用商店中应用类型第二位，占比超过 10%，仅次于游戏类应用。100 教育的重心就是这些大热的方面，同时自身竞争力也较强，在未来的发展中潜力巨大。

12.1.4　100 教育平台的网站设计

　　100 教育平台的网站设计以舒适为主，在具体的页面导航上主要按年级进行划分，如图 12-1、图 12-2 所示。

图 12-1　100 教育的平台主页

图 12-2　100 教育平台上的部分课程

在平台上可以直接了解平台的相关优势，这也是 100 教育的主要宣传渠道，用户能够更深入地认识 100 教育平台，如图 12-3 所示。

图 12-3　100 教育平台的宣传界面

12.1.5　100 教育平台的受众群体

100 教育的受众也根据教育领域的不同而不同，具体可分为以下三个方面。

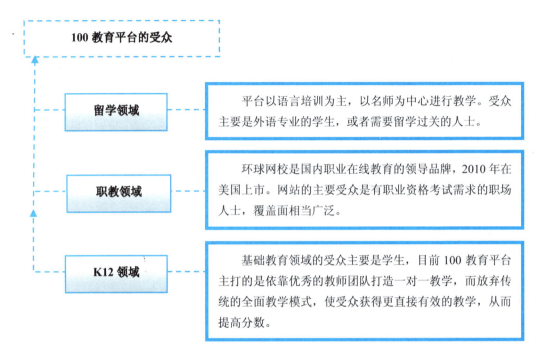

平台以语言培训为主，以名师为中心进行教学。受众主要是外语专业的学生，或者需要留学过关的人士。

环球网校是国内职业在线教育的领导品牌，2010 年在美国上市。网站的主要受众是有职业资格考试需求的职场人士，覆盖面相当广泛。

基础教育领域的受众主要是学生，目前 100 教育平台主打的是依靠优秀的教师团队打造一对一教学，而放弃传统的全面教学模式，使受众获得更直接有效的教学，从而提高分数。

12.2　100 教育平台的优势

师资力量一直是 100 教育平台最为关注的方面，教师资源的丰富性和优秀性直接决定了平台的发展潜力，以及留住用户的可能性。

如图 12-4 所示，即为平台对其师资力量的具体分析。

图 12-4　平台的师资力量分析

100 教育平台上的师资力量不仅仅只是在 K12 教育领域有所体现，而是在每个领域都有存在。下面从不同的领域进行具体分析，内容如下所示。

12.2.1　留学领域打造专业性

留学领域对于课程和老师的要求极高，100 教育在留学领域的优势就在于其专业性，如图 12-5 所示为其雅思培训相关课程。

图 12-5　雅思培训相关课程

除了雅思培训以外，托福培训也是 100 教育在留学领域的主打课程，相关课程如图 12-6 所示。

图 12-6　托福培训相关课程

在平台的快速导航界面，有名师直播、VIP 一对一、定制套餐、精品录播、助考神器和热门资讯等多个方面，便于学习者选择。

12.2.2　职教领域的高端教学

100 教育旗下的环球网校在职教领域的覆盖面相当广泛，主要包括了建工、财经、医卫、外语、职业资格、学历教育、公务员考试和酷客学院等。

职教平台是以出售课程和报考等方式获得收益，部分课程的宣传界面如图 12-7 所示。

图 12-7　职教领域的相关课程

在具体的教学上，以建筑工程类为例，其界面如图 12-8 所示。

图 12-8　职教领域中的建筑工程类界面

从建筑工程类教学的内容中可以看出，整个专业类的层次不同，职教平台都会为用户提供相应的课程和教师培训。高端的教学条件是保证教学质量的重要方面，而100 职教在这个方面有着充分的资源和优势。

12.2.3　K12 领域的单独教学

"一对一"网络名师家教是 100 教育在 K12 领域始终坚持的发展方式，网站直接面向的宣传对象是家长，通过获得家长的认可从而获得学生资源，再通过实际的教学获得品牌的建立。需要注意的是，100 教育的"一对一"教学是网络式的，是只在线上进行的教学。如图 12-9 所示为这种模式的表现形式。

家长能够在平台上了解相关的情况，制定计划和选择科目，然后平台就会提供全方位的教学服务，并且根据学生的实际情况进行分析，选择最适合学生长期发展的方式进行教学，如图 12-10 所示。

图 12-9　网络家教的表现形式

图 12-10　家长根据孩子的实际情况进行选择

12.3　100 教育平台的成功因素

100 教育能够在竞争激烈的教育领域中取得一定的成绩，其成功因素不可忽视。整体而言，100 教育主要有以下几个方面的成功因素。

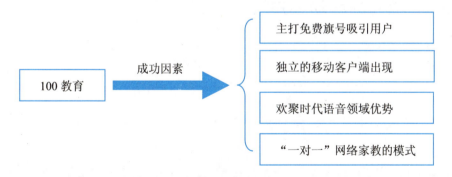

12.3.1　主打免费旗号吸引用户

尽管在线教育平台的收费与免费之争由来已久，但是对于新创的教育服务型在线平台而言，实质上是在和传统教育机构抢夺市场，其优势和劣势十分明显。

211

100 教育的优势在于平台的内容针对垂直教育市场，在内容生产模式上利于差异化的实现，其劣势在于在品牌推广上存在先天不足，不利于用户接受。创建 100 教育平台的欢聚时代公司，其旗下的 YY 语音平台上的用户量虽然不少，但是和其他互联网平台相比没有可比性，同时将用户引导进入教育领域也有些难度。

免费模式能够让这些平台比传统教育机构更具有吸引力，也降低了用户的培养成本，增加了用户的积累速度。所以虽然免费模式被批评甚多，但是在平台的早起发展中，选择免费策略仍是制胜法宝。

100 教育选择了在线英语培训强化班，包括四六级、托福和雅思，永久免费来吸引用户，智课网也高调宣布考研培训免费，如图 12-11 所示。

图 12-11　智课网对所有考研课程全部免费

12.3.2　独立的移动客户端

作为依靠互联网起家的公司，欢聚时代对于移动客户端的投入同样相当巨大，认为在未来的发展中，独立的移动客户端的作用比 PC 端的作用更为重要。

如图 12-12 所示为平台上对于 100 教育移动客户端的介绍。

图 12-12　100 教育推出的独立移动客户端

图 12-12　100 教育推出的独立移动客户端(续)

12.3.3　欢聚时代语音领域优势

213

无论是 100 教育平台，还是原来的 YY 教育平台，欢聚时代在语音领域的优势都是应用在平台上，成为提升平台竞争力的一个重要环节。通过语音优势，平台可以推广其他的相关内容，如视频音频流畅播放、在线视频交互设置、每周版本优化迭代、抢号报名的饥饿营销策略，等等。

可以说，语音的优势是欢聚时代推出的教育平台借以发展的一个契机。如图 12-13 所示为 YY 语音的独特优势内容。

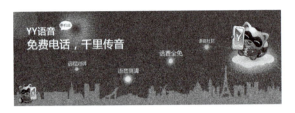

图 12-13　YY 语音的独特优势内容

12.3.4　"一对一"网络家教模式

在实际的教学中，"一对一"网络家教模式的优势主要体现在以下几方面。

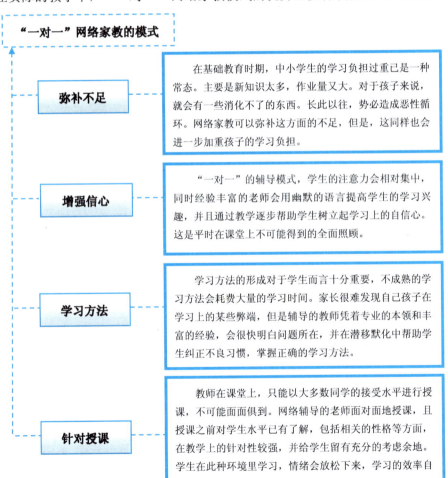

"一对一"网络家教的模式

弥补不足

在基础教育时期，中小学生的学习负担过重已是一种常态。主要是新知识太多，作业量又大。对于孩子来说，就会有一些消化不了的东西。长此以往，势必造成恶性循环。网络家教可以弥补这方面的不足，但是，这同样也会进一步加重孩子的学习负担。

增强信心

"一对一"的辅导模式，学生的注意力会相对集中，同时经验丰富的老师会用幽默的语言提高学生的学习兴趣，并且通过教学逐步帮助学生树立起学习上的自信心。这是平时在课堂上不可能得到的全面照顾。

学习方法

学习方法的形成对于学生而言十分重要，不成熟的学习方法会耗费大量的学习时间。家长很难发现自己孩子在学习上的某些弊端，但是辅导的教师凭着专业的本领和丰富的经验，会很快明白问题所在，并在潜移默化中帮助学生纠正不良习惯，掌握正确的学习方法。

针对授课

教师在课堂上，只能以大多数同学的接受水平进行授课，不可能面面俱到。网络辅导的老师面对面地授课，且授课之前对学生水平已有了解，包括相关的性格等方面，在教学上的针对性较强，并给学生留有充分的考虑余地。学生在此种环境里学习，情绪会放松下来，学习的效率自然会大大提高。

线下的"一对一"辅导在效果上会更好，但是对于大部分的家庭而言，线下的辅导费用不低。线下辅导能够及时地督促学生进行学习，同时能够更好地观察细节，深入地了解学生的想法和态度。随着教育的发展，未来线上和线下辅导相结合的模式必然会成为主流。

12.4　100 教育平台的未来发展

100 教育平台的发展虽然迅速，但是与网易公开课和网易云课堂平台相比，基本上处于摸索期。随着内部高管郑某的免职，竞争对手甚至开始唱衰 100 教育的未来发展潜力。

下面从三个角度来了解 100 教育的未来趋势，从中可以看出，100 教育或许无法直接颠覆传统的教育培训机构，比如新东方，但是其潜力也足够证明 100 教育并不是属于随意可捏的软柿子。

12.4.1　个性化教学系列"云私塾"

YY 旗下 100 教育收购环球网校花费了 1.2 亿人民币，而"云私塾"就是环球网校推出的个性化教学系列，如图 12-14 所示。

图 12-14　环球云私塾

这个系统完全以学生为中心，相关教学的具体步骤如下。

> **题库抽选：** 平台让每个学生都做一套试题，这套试题是从考试的重点题库中抽选出来的。比如教研团队通过对多年的考试真题进行分析，在数百个知识点中提炼出 100 个高频率考点，然后由名师团队透析所有相关版本的教材，最后将所有内容浓缩成一部内容实用性极强的教材。

> **特点标记：** 在试题的测试中，根据学生的不同水平、不同知识点的掌握程度进行特点标记，然后针对每个人的薄弱知识点来智能推送相关的题目，补充知识，并根据学生的掌握程度逐步推进。

> **薄弱攻关：** 如果某学生第一次测试出现了 10 个薄弱环节，那么在第二次测试中题目就重点推送跟这 10 个薄弱环节相关的内容。以此类推，将薄弱的环节重点攻克。同时系统中的助学督导模式会全程监测学生的学习情况，并针对学生没有学习计划、没有学习内容和考试脱节等问题进行单独辅导。

与其他的教育平台需要相关教育机构提供内容不同，环球网校本身就是一家成立已久并上市的公司，100 教育完全能够依托其教育资源支撑起一个教育王国。

目前这种云私塾的模式还只是在职教领域有所尝试，在未来必将拓展到 100 教育旗下的其他细分领域中去。同时 100 教育在未来可能会根据实际情况进军其他的教育细分领域。

12.4.2　继续推进免费课程打造品牌

在未来的发展中，免费这张王牌是促进影响力的重要一环。尽管随着平台对盈利要求的提升，100 教育在免费领域的发展不会特别快速，但是继续推进免费课程打造品牌依旧是 100 教育的核心发展内容。

同时，不断地加强已经免费的课程质量，比如雅思和托福的培训等，获得用户群体的信任，形成凝聚力，也是未来盈利的一个方式。**一部分免费，再通过用户养成习惯之后来让用户为内容付费，这是互联网公司用得相当娴熟的模式，尤其是在采用会员制度的网站中。**

如图 12-15 所示，为 100 教育首次推出托福强化班免费课程时的界面，这代表了 100 教育在未来发展中的一种趋势。

图 12-15　100 教育推出的托福强化班免费课程界面

12.4.3　扩展团队力量发展网校业务

100 教育平台从出现之初就一直在不断地利用资金优势扩展团队力量，发展网校业务，从外语培训教育领域中收购雅思在线培训领域的郑某团队，到职业教育领域收购环球网校。**平台的未来发展目标依旧是收购在线教育的团队，打造品牌效应，形成一个全方位的教育平台。**

比如在 100 教育留学平台，积极招募专业的教育团队进行教学，保证留学领域的专业性，并推出精品录播课程，如图 12-16 所示。

图 12-16　100 教育平台上的精品录播课程

从已经收购的公司来看，100 教育在选择上主要是侧重于内容层面的战略并购，同时对于具有较强研发实力的团队也会重点关注。

除了收购团队打造专业性之外，100 教育的无限潜力还体现在以下两个方面。

核心技术

目前的在线教育行业，除了资本、平台的竞争之外，已经逐渐转向学习效果、学习体验的竞争，这就需要有出色的音视频技术、交互技术等的研发实力。教育领域在未来的发展必然会出现大鱼吃小鱼，诸多在线教育平台被收编和整合的情况，没有核心技术能力的平台必然会失败。100 教育就是提前预料到了这种情况，所以才会在核心内容和技术的打造上不遗余力。

个性教学

基于大数据分析，研究用户的学习行为，最终根据每个用户不同的条件和需求提供个性化的服务，这是未来在线教育创业的唯一突破口。100 教育愿意将资金投入到不可预测的未来，就因为其认定了云私塾的教育方式在未来的发展潜力是无限的，与之形成对比的是，其他竞争对手虽然也了解个性教学的重要性，但是并没有魄力去尽力一搏。

第13章

学大教育：打造优质学习平台

　　线上与线下的结合一直被认为是在线教育领域中未来的主流趋势，但是早在十几年前，国内就已经出现了向这个方向探索的网站，并且获得了成功，这就是学大教育平台。

　　本章主要分析学大教育的历程与平台定位，了解线上与线下结合的方式及盈利模式，具体内容包括学大教育平台概述、学大教育平台的独特优势和学大教育平台的成功因素三个方面。

学大教育：打造优质学习平台

学大教育平台概述

学大教育平台的独特优势

学大教育平台的成功因素

13.1 学大教育平台的相关了解

《互联网周刊》对 2014 年在线教育市场的梳理显示，学大教育推出的 e 学大平台在知名度及影响力、创新能力、用户体验以及未来发展潜力四大维度的评分中获得 7.78 分，居于国内教育平台第六位。

e 学大平台虽然属于学大教育的一部分，但是在形式上两者并不相同，具体内容如下。

学大教育 ⇒
　　2001 年 9 月，学大教育正式成立，同时推出国内首家网上家教服务网站，开始探索线上与线下相结合的模式。

　　从成立之后，学大教育主要以传统的教育模式进行发展，主要的精力在线下教学点的扩建上。

学大教育在全国共有 400 多所学习中心，在不同的城市分别设有不同的网上教育平台，在长沙的学大教育平台如图 13-1 所示。

图 13-1　学大教育在长沙的网络教育平台

e 学大平台 ⇒
　　2014 年 3 月，学大教育正式发布线上与线下相结合的 O2O 战略，推出个性化智能辅导平台"e 学大"，该平台包括线上 ASPG 辅导平台与线下辅导体系。

　　平台主要面向中小学生推出个性化测评在线学习，通过海量的题库支持练习，同时注重中高考全方位的内容覆盖。平台的核心优势是，在 K12 教育领域共有 8000 个知识点，拥有 50 万道海量题库，2 万个视频课程。

e 学大是面向全国的，不分地区的在线学习平台，在内容提供上是全免费模式的。平台主页如图 13-2 所示。

图 13-2　e 学大在线学习平台的官方主页

一般情况下，大众所了解的学大教育是包括线下教学点与线上平台两个方面的，并不需要去特意分开认识。

13.1.1　学大教育平台的出现时间

2001 年 9 月，学大教育集团在北京成立，集团的核心发展目标是专注于利用优质的教育资源和先进的信息技术，打造国内的个性化教育。其内容定位十分专一，自始至终主打国内 K12 教育领域的学习。经过十几年的发展，目前学大教育在国内的影响力相当广泛。

目前学大教育在全国 114 个城市设有学习中心，其中规模较大的有北京、上海、广州、深圳、成都、杭州、天津、武汉等。北京学大教育平台是学大教育集团的总部，也是规模最大的分校，其官方网站如图 13-3 所示，同时用户可以在平台上直接查询北京校点的 21 个学习中心，选择地理位置上最为方便的学习中心进行相关的学习和测试。

图 13-3　北京学大教育官网相关内容

13.1.2　学大教育平台的发展状况

下面对学大教育发展的相关历程介绍如下。

2001 年 9 月，学大教育正式成立，网上家教服务网站被同步推出，开始互联网时代的教学摸索时期。

2002 年 3 月，学大教育推出的家教网获得了一定的成功，得到部分著名媒体的关注，学大教育的品牌开始初步建立。

2004 年 9 月，学大教育推出个性化辅导的全新教育模式，个性化管理系统 PPTS 上线，机构正式定位为个性化教育辅导。

2009 年 11 月，学大教育获得中国 2009 年最具影响力教育辅导品牌称号，在全国的影响力已具备一定的规模，品牌效应开始显露。

2010 年 11 月，学大教育集团宣布在纽约证券交易所正式挂牌交易，股票代码为 XUE，成为国内教育领域中较少的上市公司之一。

2015 年 9 月，银润投资与学大教育达成协议，将通过购买全部股票的方式对学大教育集团进行私有化运作。

根据学大教育的官方网站显示，目前学大教育已在国内的 114 个城市开设了 400 多所个性化学习中心，在全国拥有 16000 多名员工，其中专职教师超过 8000 名。学大教育在国内在线教育培训行业中的影响力相当大，尤其是在 K12 教育领域，是其他新创教育平台的主要竞争对手。

13.1.3　学大教育平台的影响

学大教育的影响力因为十几年的不断发展而显得日益稳固。随着在线教育 O2O

模式的布局，学大教育在未来的影响力必将更为广泛，在未来在线教育领域的合并浪潮中，这个庞然大物很难被击败。现在，不管是对于行业内的其他教育机构，还是对于学习者而言，学大教育的品牌已是众所周知。下面从知名度、创新能力、用户体验和发展潜力四个方面深入分析学大教育的影响情况。

学大教育的知名度

对于学大教育而言，即使是利用移动互联网和 O2O 提高线下业务产能，其最终目标仍是将线下主营业务做扎实，这就要求学大教育的学习中心覆盖面越广阔越好。随着线下教育的布局，学大教育在国内 114 个城市都有学习中心，几乎覆盖了所有省份的中心地区。

学大教育的创新能力

学大教育集团的创新几乎贯穿于整个集团的发展历程，比如初期从传统的教育机构创新为拥有师资力量的培训机构，这是学大教育历史性模式突变的起点。发展时期建立学大线下教辅中心，大力拓展中心点数量，抢先一步占领市场份额。e 学大的出现，使集团领先于其他机构，开始进行 O2O 模式的尝试和转变，与原本的线下优势相结合。

学大教育的用户体验

无论是 e 学大的网上免费教学模式，还是线下学习中心的单独辅导，对于学生而言，都是能够提高个人成绩的重要法宝。线上和线下的融合教育形式可以解决 K12 阶段的中小学生缺少监管，难以自主学习、学习空间、时间受限等相关问题，使个性化教育得以智能化实现。

学大教育的发展潜力

传统个性化教育辅导行业发展到互联网时代，需要进行变革转型是必然的。但是与其他机构不同的是，学大教育首先拥有线下教育的绝对优势，形成 O2O 模式的闭环远比其他机构来得容易。同时在线教育的未来发展趋势，也就是 O2O 模式，其本身就是学大教育一直致力于发展的中心内容。随着市场需求的增加，必将有一批教育辅导机构被淘汰掉，未来将是个性化智能教育时代，而学大教育就是未来的领跑者。

13.1.4　学大教育平台的网站设计

与其他的教育平台相比，学大教育的网站设计得比较务实，较为传统化，没有特别突出的地方，但是这种设计方式被很多后来者所模仿，成为一种传统教育机构的典型网站模式。

在平台上，网站尽可能地拓展宣传渠道，推出了移动 App 客户端和微信公众号等受大众喜欢的学习方式。学大教育的微信公众号宣传界面如图 13-4 所示。

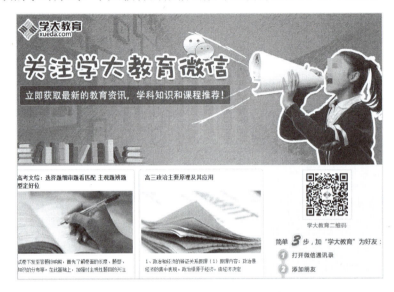

图 13-4　学大教育推出微信公众号服务项目

除了不同学科的内容介绍之外，学大教育还会在不同地区的平台上展示对应的师资力量及相关信息，以长沙学大教育的官网为例，如图 13-5 所示。

图 13-5　长沙学大名师界面

e 学大的平台设计更注重简洁，内容上主要分为题库、试卷、微课程和掌上 e 学大等四个方面。其中掌上 e 学大就是移动端的 App 软件，其下载方式及软件提供的功能如图 13-6 所示。

图 13-6　掌上 e 学大的下载界面

13.1.5　学大教育平台的受众群体

大多数在线教育平台都是同时具备多个领域的垂直化内容，但是学大教育却自始至终只做 K12 教育，也就是基础教育领域的培训，利用十几年的时间形成一套成熟的培训系统，并以学生为中心，不断地进行教学方式上的创新。

需要注意的是，在国际上的 K12 教育领域中，学大教育的影响力并不算出众。在国际上最有影响力的专注于 K12 教育领域的平台，是 K12 国际在线教育平台，如图 13-7 所示。

图 13-7　K12 国际学校主页

225

K12 国际在线教育平台的目标并不仅仅只是提升学生成绩，这与学大教育及国内的几乎所有在线教育模式都不一样。其目标是创造一个由学生、老师和家长共同组成的环球教育中心，通过提升学生的整体素质，包括学习成绩，来推动国际教育事业的发展。

K12 国际在线教育平台的定位是通过有效的教育服务使不同地区、不同社会经济背景的孩子都能发挥出最大的潜能。

K12 国际学校是美国 27 个州和哥伦比亚地区公立学校的最大教育运营商，为超过 75000 名全日制学生提供在线教育服务。目前在全球有 60 多个国家，超过 19000 名全日制和非全日制的学生在 K12 国际学院注册，进行在线学习。

13.2 学大教育平台的独特优势

在国内，K12 阶段主要是指从 1 年级到 12 年级的基础教育，也就是小学、初中和高中三个阶段。

学大教育的课程内容具体分为以下 4 个方面。

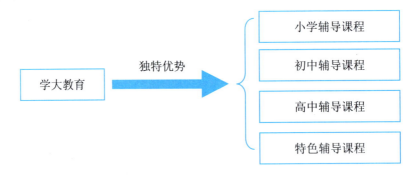

13.2.1 小学辅导课程

在线学习以 e 学大为例，平台提供语文、数学、英语和科学 4 门主要学科的题库，如图 13-8 所示。

图 13-8 e 学大平台提供的相关课程题库

使用者通过单击不同的知识点可以进入实际的题目界面，如图 13-9 所示为小学语文部分中常用字的读音题目，共有 966 道。

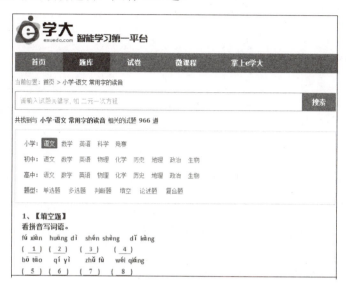

图 13-9　题库界面

除了题库，平台还同步为用户提供试卷和微课程等配套的相关内容。

其中微课程就是在线教育的视频课程，如图 13-10 所示。

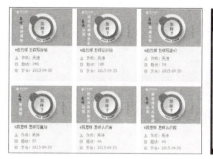

图 13-10　视频课程及学习界面

13.2.2　初中辅导课程

e 学大平台上的内容是根据实际教学需求的内容进行相应提升的，初中辅导的课程主要有语文、数学、英语、物理、化学、历史、地理、政治和生物等学科，其知识点的展示如图 13-11 所示。

图 13-11　初中辅导课程的知识点展示

用户能够在平台上获得国内名校的相关试卷，如图 13-12 所示。

图 13-12　初中阶段的部分国内试卷

13.2.3　高中辅导课程

与低年级的课程相比，高中的课程无论是题库、试卷，还是微课程，在难度上都更高，同时数量也较多，主要是为了满足高考的需求。

在质量上，学大教育追求的是精益求精，尽可能地全面而细致地将知识点的内容表现出来。需要注意的是，所有 e 学大上的课程都是可以在移动客户端进行播放的，实现了 PC、手机和 Pad 的全线覆盖，并在平板电脑端支持离线使用。

如图 13-13 所示，为高中语文的部分视频课程。

图 13-13　高中语文视频课程

与低年级的试卷内容相比，平台上的更新更快，如图 13-14 所示，为来自全国各地的部分高中语文试卷。

› 天津分公司高三第一学期期中语文模拟试卷	🕐 2015-11-06 21:59:32
› 2015.8扬州中学高二年级开学测试卷	🕐 2015-10-28 20:47:02
› 长春市普通高中2015届第四次高三质量检测	🕐 2015-10-28 15:01:19
› 2015.10沈阳市一中第一学期高三月考试卷	🕐 2015-10-27 10:01:32
› 2015.7广东佛山第二学期期末考试高一级语文科试题	🕐 2015-10-26 20:19:02
› 2015.7广东佛山第二学期期末考试 高二级语文科试题	🕐 2015-10-26 20:15:30
› 唐山分公司高一第一学期期中语文模拟试卷	🕐 2015-10-21 15:39:34
› 唐山分公司高二第一学期期中语文模拟试卷	🕐 2015-10-21 15:37:56
› "江淮十校"2016届高三第一次联考	🕐 2015-10-21 09:51:51
› 2015年重庆巴蜀中学高2016级高三（上）第二次学月考试	🕐 2015-10-15 15:09:51

229

图 13-14　高中语文试卷

13.2.4　特色辅导课程

e 学大平台上的课程与题库、试卷等都是免费的，但是学大教育本身是营利性的公司，其主要的收入来源就在于特色辅导课程部分，如图 13-15 所示。

图 13-15　高中特色辅导课程界面

在学大教育平台上的课程与 e 学大平台上的课程是完全不同的，所有的相关课程都是需要付费才可以进行学习的。为了让用户觉得更满意，平台提供了配套学习模式，比如学科测评，让学生更明白自己的优缺点，如图 13-16 所示。

图 13-16　平台提供的免费科学测评功能

对于师生之间的互动也是学大教育重点关注的部分，平台上开放了专门的页面用于学生答疑，解决学生遇到的每一个学习上的问题，如图 13-17 所示。

学大名师	小学：	语文	数学	英语					
👤 高考名师	初中：	语文	数学	英语	物理	化学	历史	地理	政治　生物
😊 好评名师	高中：	语文	数学	英语	物理	化学	历史	地理	政治　生物

已回答问题

[小学数学] 小林m岁，小乔比小林大2岁，比小兰年轻4岁…　　　　完成 | 01-13
[高中化学] 高二下半学期该学什么了？化学。。准备预习…　　　　完成 | 01-13
[小学数学] 灰兔比白兔多三十只，灰土比白兔正好多五分…　　　　完成 | 01-13
[初中化学] 荒野坟场上有时出现的鬼火实际上是人体骨骼…　　　　完成 | 01-13
[初中英语] The TV is always on at my home. The nois…　　　　完成 | 01-13
[初中数学] 出师表？？？？？？？？？？　　　　完成 | 01-13

图 13-17　学大教育平台上的学生答疑区域

13.3　平台的成功因素

学大教育的成功可以从以下几个方面进行具体分析。

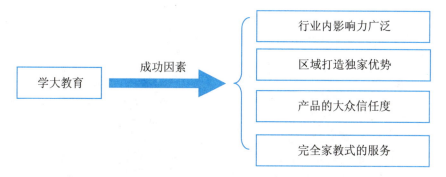

13.3.1　行业内影响力广泛

　　在正式向 O2O 模式转型之前，学大教育就已经是国内传统教育领域的巨头之一。随着 TAB 等互联网巨头的进入，学大教育的竞争压力加大，但是其在国内的 114 个城市开设的 400 多所个性化学习中心，是其他机构所力不能及的，即使是 TAB 也无法消除其在线下的影响力。

　　学大教育在师资力量方面主打精英模式，经过多年的教育研究和实践总结出一套行之有效的全新的教育模式，也就是个性化教育系统。在目前大部分的其他平台都在采用类似的教育系统提升自身的影响力和平台能力时，可以说，学大教育在行业内的影响力是相当广泛的，尤其是在 K12 教育领域。

在目前，学大教育仍然在努力地扩大线下的学习中心数量，同时借助互联网的力量拓展品牌信息，如图 13-18 所示为学大教育与百度进行合作，在百度平台上推出的宣传界面。

图 13-18　学大教育网络推广界面

13.3.2　区域打造独家优势

在十几年的布局中，学大教育的影响范围几乎遍及全国，每一个学习中心都是学大教育的利益来源。通过在区域内打造独家线下学习中心的优势，提供给学生和家长最便利的学习途径，从而进一步地依靠教学质量打造品牌。

如图 13-19 所示，为学大教育在长沙天心区的学习中心。

图 13-19　长沙天心区的学大教育学习中心

13.3.3　产品的大众信任度

产品的质量是一个教育机构长期发展的根本，学大教育之所以能够持续稳定地发展下去，主要是因为其产品获得了大众的信任，具体的分析如下。

> **品牌实力**：十余年的教学辅导经验、强大的网络平台及线下教学规模。

> **先进方法**："一对一"教学，针对孩子的问题点出发，提高学生成绩。

> **教研团队**：学大对于师资要求极高，打造的师资团队力量雄厚。

> **辅导效果**：成功辅导的学生数量超过 30 万，大部分的分数有显著增长。

> **教学承诺**：在宣传上，以学生为中心，学生在学习过程中可以随时更换老师。

13.3.4 完全家教式的服务

学大教育的学习中心主要是致力于学生学习能力开发和培养、自主学习社区建设，同时具备家庭教育研究和咨询、课外辅导服务等功能的个性化教育机构。**在学生方面，学习中心推出了完全家教式的服务，也就是学大教育主打的个性化教育。**具体内容如下。

> **"一对一"咨询**：学习咨询师利用科学的评测方法及丰富的教育教学经验，为学生和家长提供一对一咨询服务，解决学生的各种学习问题。

> **"一对一"定制**：由专业的教育团队根据每位学生的特点，定制并实施以学生为主题的个性化教育服务方案。

> **"一对一"教学**：学习中心聘用的老师都是一线的资深教师，绝对有水平为学生提供"一对一"的个性化课外辅导。

> **"一对一"管理**：为每位学生都配备一名学习管理师，随时监督学生的辅导进度，并与家长保持紧密的沟通，积极反馈对学生的辅导情况。

第14章

学而思教育：品质成就品牌效果

　　学而思教育的目标是让学习更有效，该平台与学大教育类似，属于线下教学机构与线上平台相结合的模式，定位同样是基础教育领域。

　　本章主要介绍学而思网校，同时认识其在教育机构竞争中取得成功的原因；具体内容分为学而思教育平台概述、学而思教育平台的独特优势和成功因素。

学而思教育：品质成就品牌效果

- 学而思教育平台概述
- 学而思教育平台的独特优势
- 学而思教育平台的成功因素

14.1 学而思教育平台概述

学而思教育集团主要是为 3～18 岁的孩子提供课外辅导，在全国范围内影响较大。其中，学而思网校在 2014 年的中国在线教育综合水平排行榜中，以 7.77 分位列 e 学大平台之后。

根据学而思集团官方的显示信息，目前学而思在北京、上海、天津、广州、深圳、沈阳等多个城市建立了教学分校，所有的分校及教学点均为全资拥有的直营模式。

需要注意的是，学而思教育集团拥有多个相对独立的教学平台，平台的相关信息如下。

摩比思维馆

摩比思维馆在教学上坚持"从生活中来，到生活中去"的课程原则，主要面向 3～8 岁的儿童，在实际的教学中，以数学知识为载体，依据前沿的教育理念和先进的课堂、课后一体化学习系统，为用户更好地服务。所有的益智课程都基于儿童的实际年龄进行配合教学，在每一个年龄阶段都有不同的教学特色。

学而思培优

学而思培优是学而思教育的最初发展模式，目前也是学而思旗下历史最长、规模最大的品牌。其教学目标只有一点，那就是培优，为成绩优秀、学有余力的中小学生提供进一步提高的培训服务。目前，学而思培优在国内拥有十余家分校，每年受培训的学员达数十万人次。

学而思网校

学而思网校有着明显的互联网思维特点，是学而思教育在互联网教育发展的初期建立的线上平台。依托于学而思集团强大的教学资源与师资力量，学而思网校主要以实现优秀教育资源的共享为己任，建立起中小学网络远程教育平台。

智康"一对一"

"一对一"的教学模式是未来教育发展的主流，学而思早在 2007 年就创建了智康"一对一"。其总部设立在北京，先后在上海、广州等地成立分支机构，现有 120 余所辅导中心，成为"一对一"辅导教育领域的品牌之一。

E 度教育网

E 度教育网是属于中小幼教专业的门户站群，集合了学而思旗下幼教网、奥数网、中考网、高考网、英语网、作文网、e 度教育社区、e 度空间等品牌网站以及诸多一线城市的实体教育点。截至目前，E 度教育网的注册用户已突破 300 万人。

14.1.1 学而思教育平台的出现时间

学而思教育的起步时间在 2003 年，创业者从家教模式开始，创建了学而思国际教育集团，在仅仅数年的时间里发展成为北京市知名度较广的中小学培训机构。在前期以培优教育为目标，同时也作为教育领域的切入口，占据了教育领域中的重要位置。

如图 14-1 所示，即为学而思教育的官方标志。

图 14-1 学而思教育的标志

在学而思教育成立 10 周年，也就是 2013 年 8 月，学而思集团对内正式更名为"好未来"，但是对外依旧以"学而思"教育为名，发布了新的集团标志，如图 14-2 所示。

图 14-2 好未来教育集团的标志

新的集团定义为一个用科技与互联网来推动教育进步的公司，实现传统教育和线上教育的融合。目前，学而思在全国拥有教师团队约 3000 人，近 70%工作人员毕业于 985、211 全国重点院校。

为了确保教学质量，学而思集团还与多所高校院系签订相关合作协议，成为一些学生的实习基地，以此加深与教育机构的联系是集团在未来发展的动力所在。

14.1.2　学而思教育平台的发展状况

下面对学而思教育的发展历程介绍如下。

2003 年，创始人正式创办小班教学，成立了奥数网。这是学而思教育在培优领域的初步布局，以此为起点，影响力逐步提升。

2004 年，中考网、作文网相继上线，拿下教育领域中重要的网站域名是集团发展的长远布局之一，之后又上线了高考网。

2007 年，学而思教育开始线下教学点的布局，智康一对一辅导平台成立，开始尝试线上与线下的辅导结合模式。

2008 年，学而思在天津建立首家分校，同时加快各个主要城市教学点的建设，着眼于未来发展，进一步布局线下。

2010 年，互联网发展来势汹汹，学而思集团立马上线学而思网校和 e 度教育网，同时在教学上提出新的教学系统，也就是 ICS 智能教学系统。

2011 年，开拓学前教育领域的教学，摩比思维馆正式运营，ICS 智能教学系统推出 2.0 版本。

2013 年，学而思集团更名为"好未来"，线下的分校及教学点布局已成规模，线上的平台教学和域名优势也稳定了集团教育在国内的地位。

目前学而思集团依旧在不断地开拓线下教育的中心点和分校，为未来的 O2O 模式打造稳定的区域优势，尽管与学大教育的线下规模相比尚有一定的差距，但是其在 K12 教育领域的细分成就是学大教育所不具备的。

需要注意的是，学而思集团为了确保教学资源的品牌建设，开始拓展了一个新的教学领域，也就是学而思图书。在 2012 年，学而思图书完成了《几何辅助线秘籍》的编著。2013 年开始，陆续推出《培优辅导》、《夯实基础》、《数学思维训练》等系列图书。到 2015 年年底，学而思图书已经成为一个系统化的板块，内容分别为培优系列、秘籍系列、小学思维汇编系列和总复习系列等，其中每一个系列都有不同学科的多种课程用书，如图 14-3 所示。

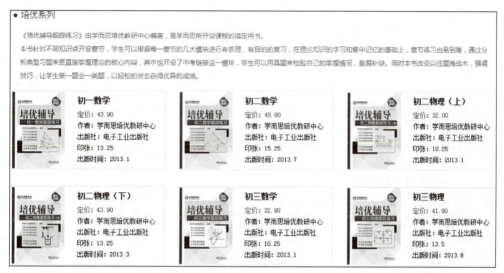

图 14-3　培优系列的部分课程用书

学而思图书的用意并不仅仅在于纯粹地为教学提供资源，从整体来看，学而思集团一直看重平台未来的发展前景，并且有一定的提前行动能力，比如布局线下机构，尝试 O2O 模式等，都是成功的发展战略。

学而思图书同样如此，学而思依靠丰富的教育培训经验、成功的教育理念、高效的师资团队，精心编写的这一系列品牌图书，是学而思所开设课程的指定用书，与学而思教育模式配套使用。**从长远来看，当用户使用之后形成品牌效应时，学而思在教育领域的影响力将进一步加强。**

14.1.3　学而思教育平台的影响

从学而思教育的布局可以看出，随着 O2O 模式的进一步发展，以及目前国内教育行业的发展环境，平台的未来发展潜力相当大。目前学而思教育在国内的影响力相当广泛，下面从知名度、创新能力、用户体验和发展潜力四个方面深入分析相关情况。

239

学而思教育的知名度

利用线下的教育中心和分校，扩大用户的覆盖面，是学而思教育的主要宣传方式，也是提升知名度的重要方面。线上的诸多教育域名网站和针对不同需求而建立的教育平台，是互联网时代提高大众知名度的主要方法。整体而言，学而思做到了线上与线下的同等知名度。

学而思教育的创新能力

学而思教育集团在发展中的前瞻性相当突出，促进了其创新能力的体现，其中最为典型的就是 ICS 智能教学管理系统。这个系统使学而思课堂可以任意使用直观立体、轻松愉快的各类音频、视频、flash、ppt 课件和教学软件，彻底摆脱粉笔灰的干扰，目前已被其他教育机构广泛采用。

学而思教育的用户体验

在学而思，无论是线下的教学辅导还是线上的教学，其具体目标都极有针对性。从摩比思维馆针对学前教育、学而思培优针对优等教育、学而思网校针对互联网教育、智康一对一针对个人教育到 E 度教育网针对门户网站建设等，所有的这些平台结合线下的教学，共同为基础教育领域内的用户提供了全方位的学习体验。

学而思教育的发展潜力

在具体的教学上，学而思的扩张模式有两大优点。第一是实现了口碑越来越好；第二是续班模式可培养学员的消费习惯。学而思的布局不是没有道理的，摩比思维馆是整个学而思教育金字塔的基础，利用优质的课程打造用户心中的品牌。一旦用户习惯形成，这些用户便会年复一年地在学而思上课，直到高三毕业，因为学而思能够提供其所需的所有教学资源。

14.1.4 学而思教育平台的网站设计

下面主要以学而思网校为例介绍学而思教育平台的网站设计。学而思网校平台上最显眼的地方就是对于 K12 教育领域中每一个年级的课程细化，如图 14-4 所示。

图 14-4　学而思网校的平台主页

为了获得用户支持率，免费课程的设置同样是不可缺少的。如图 14-5 所示为平台上的免费直播课程以及直播回放，用户可以在指定的时间登录平台进行学习。

图 14-5　免费直播课程及直播回放界面

241

除了直播辅导课程之外，还有更多的收费课程。这些课程根据不同年级的不同知识点而设置不同的费用，如图 14-6 所示。

图 14-6　收费课程页面

为了让每个学生都能够适应教课方式，学而思教育不限制老师的讲课风格，甚至鼓励老师追求多变的讲课风格。以五年级的小达老师所教的语文课程为例，其课堂的多样化教学与教学特点如图 14-7 所示。

图 14-7　课堂的多样化教学与教学特点

14.1.5　学而思教育平台的受众群体

学而思教育平台的目标十分专注，所有信息都围绕受众群体，围绕基础教育领域的学生进行。如图 14-8 所示，是平台的主要界面，在平台上可以看到热门的新鲜事和推荐老师。

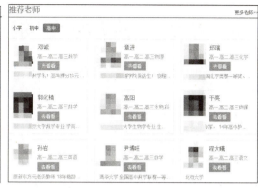

图 14-8　热门新鲜事和推荐老师页面

　　尽管学而思教育面对的只是 K12 教育领域的用户，但是其通过将用户细化，取得了相当好的教学和宣传效果。学而思教育的用户可分为以下四类。

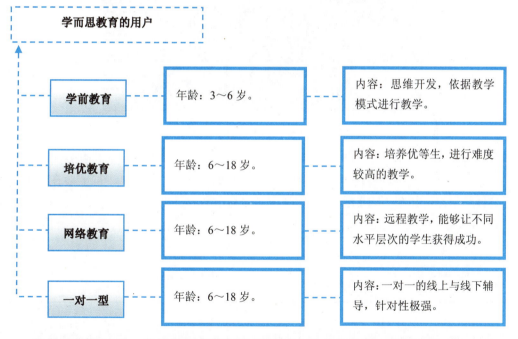

　　除学前教育以外，其他的教育类型又根据学生的具体年级，细分为小学、初中和高中课程。比如"一对一"型的学生，只要付费就可以获取培优教育或者网络教育的同年级课程，更全面地进行学习。

14.2 学而思教育平台的独特优势

学而思教育平台的独特优势主要通过该平台对用户的不同分类(即学前教育、培优教育、网络教育和一对一型)所提供的个性化服务来体现，具体内容分析如下。

14.2.1 3～6岁关键期儿童思维培养

平台设计：摩比思维馆是学而思教育对 3～6 岁关键期儿童思维培养目标推出的平台。该平台的主要特点是卡通化和简易化，界面十分简单，家长能够一目了然地了解相关情况，迅速获得信息，如图 14-9 所示。

图 14-9　摩比思维馆的平台主页

平台表现：与其他平台相比，摩比思维馆更注重线上平台为线下服务这个中心点，家长在平台上可以获得不同年龄的孩子所需要接受的知识信息，但需要在线下进行具体的学习。如图 14-10 所示为 2～3 岁儿童数学教育界面。

图 14-10　2～3 岁儿童数学教育界面

平台优点：平台的优点在于能够让家长在网络上全方位地了解摩比思维馆，从而将网络上的流量导入到现实中的教育中去。为了达到这个目标，平台还提供了相应的配套教学工具，比如预约试听课、多类型 App 下载和用于交流沟通的摩比论坛等，具体内容如图 14-11 所示。

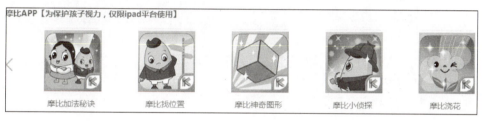

图 14-11　平台提供的配套教学工具

未来发展：目前摩比思维馆主要在北京地区发展，在未来的发展中，必将会随着学而思教育的全国布局而逐渐扩散到其他地区。随着家长对孩子学前教育的重视，在未来的发展中，学前教育的发展环境将会是最好的，但是不同的教育机构之间的竞争压力也是较大的。

14.2.2　6～18 岁中小学小班培优教育

平台设计：学而思培优是学而思教育对 6～18 岁中小学小班培优教育目标推出的平台。该平台的主要特点是根据不同的城市进行相对应的平台开发，同时每个平台上都有基础教育领域中所有年级的细分教学。如图 14-12 所示为学而思培优在长沙站的官方主页。

平台表现：与其他平台相比，学而思培优最突出的特点是以知识水平对学员进行分类，根据年级的不同分为基础、提高、尖子和培优。

同时在平台上，为了让家长更好地了解孩子的学习情况，平台开设有"家长帮"论坛。在论坛上相同地区的家长可以及时了解教学信息，探讨孩子遇到的一些问题，如图 14-13 所示。

平台优点：平台的优点在于能够让家长在网络上全方位地了解学而思培优的相关教学信息，更好地结合线下教学效果对孩子的情况进行分析。同时平台会对相关的教育信息进行公布，对于孩子在学习中可能遇到的情况进行分析，尽可能地打造一个全面的线上平台，让家长能够在平台上获得需要得到的相关信息。

图 14-12　长沙站的平台主页

图 14-13　"家长帮"论坛页面

为了让家长更好地使用平台，平台同样提供了相应的教学工具，具体包括新手指南、入学测试、选课报班、校区查询、课后作业、备课笔记、查分平台、诊断报告、学期课历等。如图 14-14 所示为网站提供的查分平台。

图 14-14　查分平台界面

未来发展：培优教育在小学奥数的发展阶段相当火爆。目前由于社会教育环境不再提倡奥数，因此奥数热度下降。但是追求优秀是所有家长的共同想法，即使没有了奥数之类的比赛，学而思培优在未来的发展空间依旧十分广阔。

14.2.3　6～18 岁中小学远程教育平台

平台设计：学而思网校是学而思教育对 6～18 岁中小学远程教育目标推出的平台。该平台的主要特点是面向全国，甚至国外，所有的相关内容根据年级的不同而进行细分。

如图 14-15 所示为学而思网校的官方主页。

图 14-15　学而思网校的官方主页

平台表现：平台的主要目标是提供给使用者一个自学平台，相关的设置都与学生的具体学习息息相关。

除了选课程之外，学生还可以在官网获得公开课、看直播、找老师、学霸们、泡论坛和逛书城等多个主题的内容。如图 14-16 所示为学而思网校的论坛和学而思图书的页面。

图 14-16　学而思网校和论坛与学而思图书页面

平台优点：学而思网校秉承的是"学习有意思"的教育理念，坚持以"有意思的老师、有意思的课程、有意思的服务"为教学原则，汇聚国内中小学顶级名师，量身打造经典课程，采用国内先进的高清视频录制技术，为学生提供优质的网络教学服务。这些都是网校自身的优点，能够使其在众多网校中脱颖而出的根本原因。

体现在具体的教学上，主要有以下几个方面。

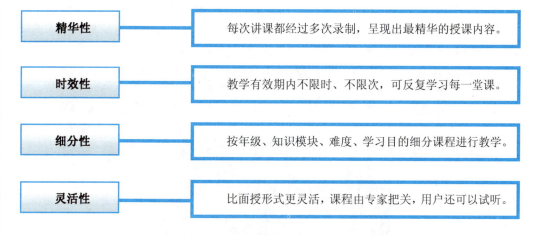

如图 14-17 所示为平台推广的高考课程，其中部分课程可在线试听。

图 14-17　平台上的高考课程

未来发展：O2O 模式是未来的主流，将线下商务的机会与互联网结合在一起，让互联网成为线下交易的前台。这样线下服务就可以在线上进行揽客，消费者可以在线上筛选线下的服务，十分便利、高效。学而思网校作为未来主打 O2O 模式闭环中的线上部分，发展潜力是无限的。

14.2.4　6～18 岁中小学针对性的辅导

平台设计：智康"一对一"是学而思教育对 6～18 岁中小学针对性的辅导目标推出的平台。该平台的主要特点是依托线下的教学中心，老师对学生进行"多对一"或者"一对一"的针对性辅导教学。

平台内容面向全国，但是目前线下的教学中心只在北京开设了 18 个校区、上海开设了 4 个分校区，广州、深圳等 10 个城市也设有分校，还没有达到覆盖全国的规模。如图 14-18 所示为智康"一对一"杭州站的主页。

图 14-18　智康"一对一"杭州站主页

平台表现：平台的主要目标是提供给学生重点发展的教育，所以除了各个年龄的补课之外，平台提供特色课程，包括新概念英语、各类科目比赛、学科特色等。如图 14-19 所示为新概念英语课的招生页面。

图 14-19　新概念英语课的招生页面

平台优点：智康"一对一"的模式秉承了中国传统私塾教育的历史经验，又将学而思教育的现代科学教育理念融会贯通，从而创建了独树一帜的中小学个性化教育品牌。与培优教学类似，智康"一对一"的教学主要在线下，线上的平台起到的作用主要是辅助和引流。

智康"一对一"模式体现在具体的教学上，主要有三个方面的优势，分别是教研、师资、讲义，具体内容如下。

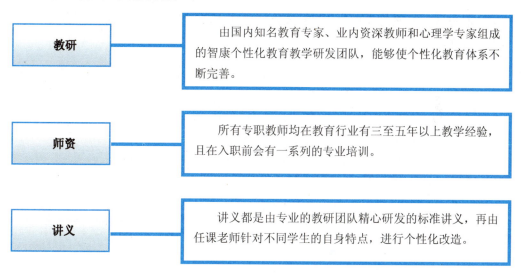

教研	由国内知名教育专家、业内资深教师和心理学专家组成的智康个性化教育教学研发团队，能够使个性化教育体系不断完善。
师资	所有专职教师均在教育行业有三至五年以上教学经验，且在入职前会有一系列的专业培训。
讲义	讲义都是由专业的教研团队精心研发的标准讲义，再由任课老师针对不同学生的自身特点，进行个性化改造。

在平台上，用户可以进行相关的选择，比如搜名师、找课程、查校区等，同时还可以查看成功案例、升学政策、学习资料等相关的内容，便于用户迅速找到需要的信息。如图 14-20 所示，即为平台上对杭州的相关名师团队的介绍。

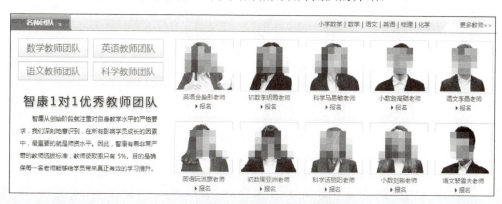

图 14-20　平台上的相关名师团队介绍

未来发展：几乎所有教育平台都认可"一对一"辅导教学在未来的发展潜力，学而思教育更是提前一步布局，但是在未来的发展中，情况不一定完全与预料的相符。

首先是场地要求太高，每一场辅导需要有独立空间，开辟一个新的线下教学点需要投入的资金越来越多，同时对于老师的数量需求也越来越多。随着市场的发展，未来一对一辅导同质化也会变得更为严重，未来市场的竞争更为残酷。

14.3 学而思教育平台的成功因素

学而思教育显然是成功的，这种成功经验在十余年的竞争历练下尤为珍贵。下面从多个方面对学而思教育的成功进行具体分析。

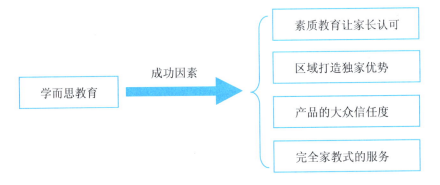

14.3.1 素质教育让家长认可

学而思教育在素质教育的教学上有以下两个特点。

不限制老师的教学方式

常见的教育模式只讲究一种最适用的，这种方式很有效，于是平台统一采用，但是这并不是以孩子为中心。孩子需要的是多种风格的教学，轻松与有趣是孩子所追求的，并不是需要一个老师呆板地在课堂上讲课。

在培训中允许家长旁听

家长旁听被大多数教学点所支持，原因是认为会让孩子分心，但是事实上并非如此。家长旁听能够从家长的角度去理解教学内容，这对于回到家后的辅导很重要。同时家长也可以更充分地理解孩子，而不是一味去责怪孩子怎么会听不懂，是不是上课没有认真等问题。

不同风格的教学方式，轻松愉快的教学环境，同时家长能够旁听理解，这些方面都直接促进了教学中心教学目标的最终达成，即素质教育。小学入学时学校对知识的考察体现了对孩子能力的要求，主要包含以下八个方面。

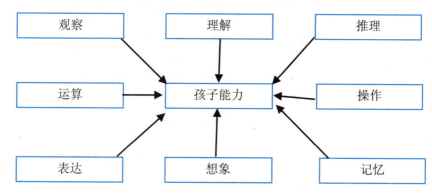

这些方面对孩子的影响是终身的，而不仅仅是在学前教育中，更不仅仅只是枯燥的分数。而学而思教育的教学中心就在于这些方面，这是学而思教育最被家长所认可的地方。

14.3.2 精英培育理念的成功

学而思培优是学而思教育集团成功进入市场的敲门砖，是精英培育理念领先了其他平台一大步的实践。

无论是在过去还是现在，因为优秀教师资源的缺乏、学生素质的个体差异不同所导致的教学方式无法标准化，在现实中产生了许多像学而思一样的中小学课外辅导品牌，比如安博教育和学大教育。

学而思教育能够从中取得突破，就在于最初创业时，学而思的定位为"培优教育培训机构"，开启了优等学生更需要补习，以便比别人跑得更快的理念。与语言培训、职业培训、管理培训相比，培优教育在学而思创业时还只是一个新兴的细分行业，发展的空间极大，但是需要摸索具体的成功模式。学而思现在的成就证明了其精英培育理念的成功。

目前学而思培优平台已经建立了完善的教学模式，在不断地扩大影响。平台的优势让其在未来的发展更为广阔，具体优势如下。

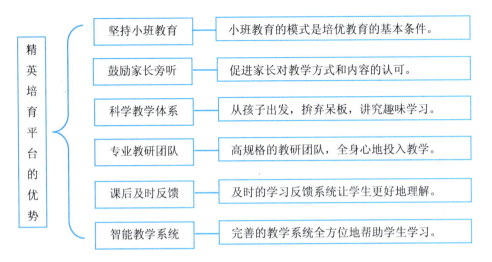

14.3.3　线上平台为线下服务

学而思对于建造 O2O 模式极其重视，将其作为集团战略发展。在具体的建设中，学而思平台的定位也十分明确。与其他平台，尤其是 TAB 这种互联网平台不同，其对平台的定位就是线上平台为线下服务。

从集团成立之初，这种模式就一直被采用，这也是为什么拥有大量的网站平台，但是大众认为过去的学而思集团依旧是传统教学机构的原因。

学而思针对 K12 教育领域的目标客户群，包括学生、家长和教师，培养其上网采集相应学习与课程内容信息的习惯，从而使线上与线下结合，线上基本上不做业务，线上为线下服务，线上的内容是公益性质的。

14.3.4　主题资讯网收集客户

用户群体是每一个平台都不能缺少的，但是怎么样去收集客户是所有平台的共同问题。学而思的成功还在于其采用更有效、更省钱的主题资讯网的方式收集客户。

目前 e 度教育门户网站，及归属于学而思教育的网络站群就是为线下学校提供客户的主要来源。e 度教育门户网站的导航如图 14-21 所示。

在具体的布局和运作中，学而思教育先以高考网、中考网等主题资讯网站为主收集流量，通过内容的持续更新提高用户的使用频率。当潜在客户的流量达到一个数量级之后，再将各个主题站的流量聚合起来打造独立的网络品牌(e 度教育网)，成为具有更广泛影响力的门户网站，为线下各分校后期的快速扩张打下了良好的基础。

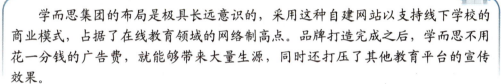

图 14-21　e度教育门户网站

·专家提醒

　　学而思集团的布局是极具长远意识的，采用这种自建网站以支持线下学校的商业模式，占据了在线教育领域的网络制高点。品牌打造完成之后，学而思不用花一分钱的广告费，就能够带来大量生源，同时还打压了其他教育平台的宣传效果。

第15章

TAB 三巨头：依靠人气锐意进取

腾讯、阿里巴巴和百度是国内互联网平台中的三大巨头，统称为 TAB，占据了国内互联网的重要市场。随着在线教育的兴起，三巨头开始筹建平台，成为震惊在线教育行业的大事件。

本章分别对腾讯教育、淘宝教育和百度教育的优势和具体的平台建设情况及布局进行了分析，同时也对平台的未来发展进行了展望。

	腾讯教育，坐拥过亿的用户
TAB 三巨头：依靠人气锐意进取	淘宝教育，完善教育生态链
	百度教育，人人平等的平台

15.1　腾讯教育，坐拥过亿的用户

　　腾讯在国内的知名度相当高，旗下的 QQ、微信及相关的延伸业务共同组成了一个庞大的商业帝国。

　　在教育方面，腾讯很早就推出了腾讯教育频道，如图 15-1 所示。

图 15-1　腾讯教育频道

　　腾讯教育是中国用户量最大的教育门户网站，**将国内外优秀教育信息资源和强大的产品服务紧密结合，网站开设有考试、外语、出国、校园、博客等栏目**。但是腾讯教育频道更主要的是作为门户网站存在，并不是面向大众提供学习机会的在线教育网络平台。

　　随着在线教育平台的发展，同时也因为淘宝和百度的抢先进入在线教育领域，腾讯集团随之推出了正式的在线教育平台，即腾讯课堂和腾讯精品课，同时腾讯大学也在逐步完善，在未来也将会成为在线教育平台。

15.1.1　腾讯教育概述

　　腾讯集团在教育领域的布局比较长远。除了教育门户网站之外，在上线腾讯课堂之前，QQ 进一步地完善了 QQ 群视频直播工具、支付工具的相关条件，为腾讯课堂上线之后形成完整的闭环而提前做准备。

　　2013 年 11 月，QQ 正式推出了基于群的教育模式，2014 年 4 月推出腾讯课堂。这个平台聚合了优质的教育机构和教师的海量课程资源。需要注意的是，腾讯课堂从一开始就与其他互联网平台一样，定位为开放式的教学平台，帮助和支持线下教育机构入驻平台，以获得更好的教育资源及影响力。

　　在具体的教学上，腾讯课堂与 QQ 客户端的关系十分紧密，充分地利用了 QQ 群的优势，实现在线即时的互动教学。同时在 QQ 群中还支持进行 PPT 的课程演示，不同课程的屏幕分享等多样化的授课模式，更为授课者提供了白板、提问等全方面功能。

腾讯课堂的官方主页如图 15-2 所示。

图 15-2　腾讯课堂的官方主页

腾讯精品课与腾讯课堂在定位上有很大的区别，在内容上更为精简，主要包括考试、培训、社会公开课和高校公开课四大类。腾讯精品课的大部分课程是收费的，这些课程来源于知名教师、出版社、学校及其他的教育机构，按照一定的比例分享获得的营业额。

与腾讯课堂依附于 QQ 群的模式不同，腾讯精品课主要以腾讯视频提供的视频点播模式为基础，进行课程教学。目前腾讯精品课的注册人数已经超过了 1000 万人，在国内的在线教育领域影响广泛，其官方主页如图 15-3 所示。

图 15-3　腾讯精品课的官方主页

与这两个较为成熟的平台相比，腾讯大学出现的时间较晚，成立于 2014 年，同时平台的内容也尚处于完善阶段。目前腾讯大学主要分为五个子学院，分别是微信学院、营销学院、开放平台学院、互联网学院和游戏学院。

腾讯大学在具体的内容提供上，包括热点推荐、精品课程和合作课程三部分，其官方主页如图 15-4 所示。

图 15-4　腾讯大学的官方主页

15.1.2　腾讯教育的平台优势

腾讯教育的平台优势主要体现在以下三个方面。

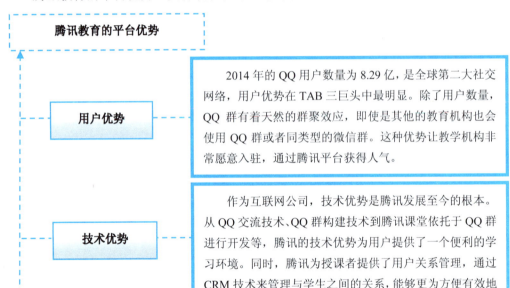

腾讯教育的平台优势

用户优势

　　2014 年的 QQ 用户数量为 8.29 亿,是全球第二大社交网络,用户优势在 TAB 三巨头中最明显。除了用户数量,QQ 群有着天然的群聚效应,即使是其他的教育机构也会使用 QQ 群或者同类型的微信群。这种优势让教学机构非常愿意入驻,通过腾讯平台获得人气。

技术优势

　　作为互联网公司,技术优势是腾讯发展至今的根本。从 QQ 交流技术、QQ 群构建技术到腾讯课堂依托于 QQ 群进行开发等,腾讯的技术优势为用户提供了一个便利的学习环境。同时,腾讯为授课者提供了用户关系管理,通过 CRM 技术来管理与学生之间的关系,能够更为方便有效地进行沟通和授课。

推广优势

　　腾讯课堂对于入驻的教育机构有一定的推广帮助。如果机构在腾讯课堂达到一定评分,那么腾讯将为其提供"万元广点通基金",主要是用于机构的广告宣传。同时,安排专业人员进行推广指导,让教育机构在短时间内以"零成本"获得第一批固定用户。

15.1.3　腾讯教育的成功因素

腾讯教育的成功主要取决于以下五个因素。

广泛的用户基础

腾讯教育的用户已经突破了 1 亿，远远地将大部分的在线教育平台甩在了身后。广泛的用户基础是腾讯教育平台能够成功的主要原因。

教育机构的入驻

平台与教育机构是互帮互助的关系。教育机构需要腾讯平台的影响力，腾讯平台需要教育机构提供的实际课程的师资力量，各取所需，获得双赢。

课程内容层次化

腾讯课堂面向所有大众，内容广泛；腾讯精品课面向的是精英人士，层次较高；腾讯大学则主要面向新时代的技术。所有的课程在层次上各有不同，共同组成了整个腾讯教育。

多形式互动教学

无论是 QQ 群的互动教学，还是腾讯视频的互动教学，都是在教学的同时保证授课者可以和学习者进行充分沟通，让学生更好地去消化学到的内容。

移动端学习效果

APP 移动学习是未来的主流，对于腾讯这种互联网巨头而言，更是早就有所准备。除了 APP 软件，腾讯教育还大力推广微信公众号服务，目前大部分的在线教育平台都有微信公众号。

15.2　淘宝教育，完善教育生态链

淘宝在国内的影响力众所周知，但是与腾讯主打社交网络不同，淘宝的用户主要来自网络交易。

淘宝并没有直接用于教学的实际课程，从本质上说，淘宝教育的电商化是在做平

台，而不是做教学内容。通过自身的用户、流量优势，为线下教育机构和在线教育机构搭建一个承载虚拟教育服务的平台，这点与腾讯教育的模式很类似。

作为以电子商务为主的互联网公司，淘宝教育在实际的平台建设中同样采用电子商务的一些方式，表现在平台模式上就是以 B2B 加 B2C 的混合型平台定位。

15.2.1　淘宝教育的相关了解

2013 年 7 月，淘宝公司推出淘宝教育的前身"淘宝同学"平台，平台的宣传界面如图 15-5 所示。

图 15-5　淘宝同学的宣传界面

在此之前，2012 年的淘宝教育销售额为 3.3 亿元，其中三分之一是教材教辅，另外 2 亿元是课程销售额。正式的平台运行前，淘宝教育产品类的交易已经较为成熟，但主要是将其归类在淘宝的教育培训类的下面，属于二级类目，没有得到充分的重视。

2015 年 5 月，淘宝教育平台改名为淘宝教育，同时宣布平台在未来一年的发展目标是帮助一万家线下机构向线上转型。淘宝教育的官方主页如图 15-6 所示。

图 15-6　淘宝教育的官方主页

尽管淘宝主要是线上的互联网电子商务公司，但是淘宝教育所追求的并不仅仅只是线上，同时也包括了线下的运作，这种运作主要通过与其他的教育机构进行合作而获得。随着线下教育机构的不断增加，未来的淘宝教育将涉及所有的线上线下教育领域。为了更好地帮助线下机构转型，也为了平台影响力的扩张，淘宝使用了十分熟练的营销手段，也就是个人开课，与淘宝开店类似。在课程上每个人都可以开课，至于是收费还是免费，由开课者个人决定，如图 15-7 所示。

图 15-7　淘宝教育平台上的个人开课界面

除了淘宝教育之外，淘宝旗下还有一个在线教学平台，就是淘宝大学。与腾讯大学不同，淘宝大学是一个内容主要针对淘宝本身，面向淘宝开店的用户提供相关课程的平台，如图 15-8 所示。

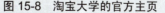

图 15-8　淘宝大学的官方主页

15.2.2　淘宝教育的平台优势

在现在的教育领域，淘宝教育的影响力越来越大。淘宝教育的负责人宣称目前淘宝教育上有超过五万家培训机构，每年在淘宝教育领域进行消费的有超过 1000 万的用户，而入驻淘宝教育的培训机构在平台上的交易额最多可以达到 5000 万元。

淘宝教育的平台优势主要体现在以下三个方面。

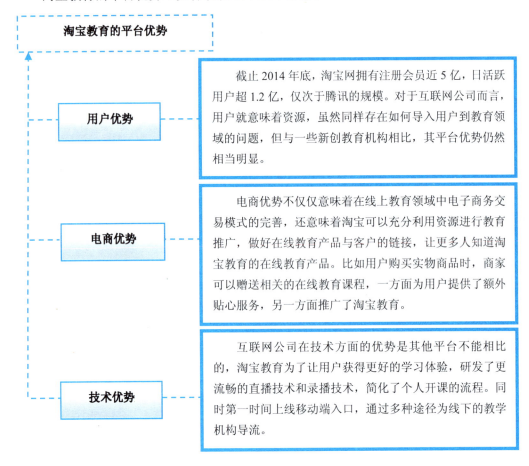

淘宝教育的平台优势

用户优势

截止 2014 年底，淘宝网拥有注册会员近 5 亿，日活跃用户超 1.2 亿，仅次于腾讯的规模。对于互联网公司而言，用户就意味着资源，虽然同样存在如何导入用户到教育领域的问题，但与一些新创教育机构相比，其平台优势仍然相当明显。

电商优势

电商优势不仅仅意味着在线上教育领域中电子商务交易模式的完善，还意味着淘宝可以充分利用资源进行教育推广，做好在线教育产品与客户的链接，让更多人知道淘宝教育的在线教育产品。比如用户购买实物商品时，商家可以赠送相关的在线教育课程，一方面为用户提供了额外贴心服务，另一方面推广了淘宝教育。

技术优势

互联网公司在技术方面的优势是其他平台不能相比的，淘宝教育为了让用户获得更好的学习体验，研发了更流畅的直播技术和录播技术，简化了个人开课的流程。同时第一时间上线移动端入口，通过多种途径为线下的教学机构导流。

15.2.3　淘宝教育的成功因素

淘宝教育目前已经获得了广泛的用户基础，其中付费用户更是位居同类型的教学平台之首。该平台的成功主要取决于以下五个因素。

较广泛的用户基础

淘宝教育的用户已经破亿，其中年付费用户的规模已突破千万人次。用户数量的获得与淘宝网本身的用户基础关系很大，合适的导流方式让淘宝教育稳稳地占据了国内教育市场。

帮助线下机构转型

无论是成立之初，还是对未来发展的定位，帮助线下机构转型都是淘宝教育的根本目标。线下中小机构是未来教育的增加点，淘宝不直接提供内容，那么布局线下的教育机构就显得尤为重要。

用大数据服务用户

淘宝用户研究部门与阿里巴巴的数据部门联合发布了《淘宝教育市场用户研究报告》，通过大数据的整合，深入挖掘在线学习用户的行为特点，更好地为线下教育机构和用户服务。

打造个性化的课程

淘宝课程的导流中重要的一个方面就是通过商品附带产生流量，而为了配合这个导流的成功进行，比如调酒、烘焙、化妆等，淘宝教育推出了个性化的课程，精准的细分程度更适合大众。

全方位覆盖移动端

淘宝教育对于移动端的布局也是极为重视的，比如接入了淘宝手机端的淘生活版块和疯狂直播两个入口，推广移动学习，在未来会通过天猫魔盒占据电视机教学的教育领域。

15.3 百度教育，人人平等的平台

百度是全球最大的中文搜索引擎，也是最大的中文网站，其覆盖面的广泛程度难以想象。目前来说，几乎所有的网站都在百度上进行推广，从而扩大被大众认识的可能性，增加用户数量。百度搜索界面如图 15-9 所示。

　　随着在线教育市场的火爆，以及线下教育资源的差距拉大，百度教育以提供公平的教育机会为平台的运作中心点出现在大众面前。

　　与其他教育机构不同，TAB三巨头虽然没有大规模地收购教育公司，但是各自平台的布局已经初具规模，只是特色各有不同。百度本身就是互联网平台，优势在于搜索引擎的绝对地位，其在教育方面早就有相关开发，并且规模较大，比如百度文库等。在这种情况下，百度教育的实际影响力不弱于另外两家。

图 15-9　百度的搜索界面

15.3.1　百度教育概述

　　百度教育主要做的不是内容，而是渠道，做内容需要投入的资金太大，同时需要线上与线下的结合。在百度教育平台主要有以下五个细分领域。

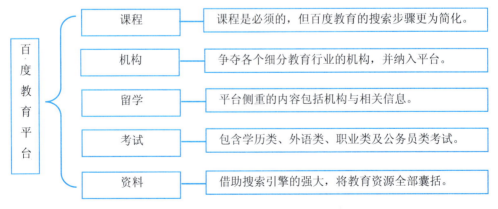

百度教育平台	课程	课程是必须的，但百度教育的搜索步骤更为简化。
	机构	争夺各个细分教育行业的机构，并纳入平台。
	留学	平台侧重的内容包括机构与相关信息。
	考试	包含学历类、外语类、职业类及公务员类考试。
	资料	借助搜索引擎的强大，将教育资源全部囊括。

　　百度教育的官方主页如图 15-10 所示。

图 15-10　百度教育的官方主页

与腾讯和淘宝不同的是，百度教育并不仅仅是一个平台，更像是一个系统。这个系统中包括了多个方面的教育内容，具体信息如下。

百度文库

　　百度文库是百度在很早以前就出现的与教育相关的平台，主要目标是互联网分享学习。目前汇集了 1 亿份高价值的文档资料，涵盖基础教育、资格考试、经营管理、工程技术、IT 计算机、医药卫生等 50 余行业。这些信息中大部分是免费的，少部分有知识产权，需要付费阅读，不能直接作为在线教育的内容，但是属于在线教育中供学习者使用的一部分。

百度文库的官方主页如图 15-11 所示。

图 15-11　百度文库的官方主页

百度知道

百度知道是最早的知识问答平台，是由百度自主研发、基于搜索的互动式分享平台。用户可以根据自身的需求，有针对性地提出问题。

可以说其他的在线教育平台自带的论坛，就是类似于百度知道的一种问答模式，但是规模远远小于百度知道。目前百度知道几乎运用于各行各业，为所有的用户提供解决方案，在未来的发展更是潜力无限。

百度知道的官方主页如图 15-12 所示。

图 15-12 百度知道的官方主页

百度视频

与腾讯集团应用腾讯视频作为腾讯精品课的播放软件一样，百度视频的一个重要作用就是为百度教育提供的视频内容进行清晰流畅的技术加工，使用户能够获得更好的视觉感受。同时便于用户对于课程进行操作，比如回看、记录、保存等。

百度视频中的教育频道的官方主页如图 15-13 所示。

图 15-13 百度视频中的教育频道的官方主页

百度传课

百度传课是百度集团并购传课网后建立的在线教育平台，平台模式与淘宝教育类似，注重于网络课程的在线分享。用户在平台上可以获得相关的课程，也可以在平台上开课，传授自己的课程知识。内容涉及英语学习、职场培训、生活技巧等多方面技能，采取网络互动直播和点播的授课模式。目前相关的主要产品有传课网、传课 KK、传课网络直播教室。

2015 年 8 月，百度传课与美国三大理工院校之一的佐治亚理工学院达成合作意向，双方将在课程引入、技术研究、共同探索在线教育模式等方面开展深入合作。

百度传课的官方主页如图 15-14 所示。

图 15-14　百度传课平台的官方主页

在这个教育系统中，除了以上规模较大、内容较广泛、综合性较强的平台之外，百度还以合作、投资或自主研发的方式并入了其他的多个垂直领域的平台，具体内容如下。

百度教育在垂直领域的作为

作业帮

作业帮是面向中小学教育领域的一个平台，2015 年 8 月更名为小船出海。这是一款作用广泛的 APP 移动软件，由百度知道专门为中小学生创造的应用，也是习题搜索、高效练习和学习沟通的综合学习平台。其影响力十分惊人，因为国内中小学学生每天在解题上的个人需求极大。

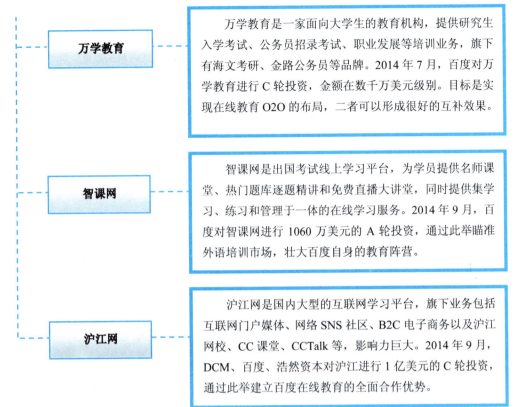

万学教育　万学教育是一家面向大学生的教育机构，提供研究生入学考试、公务员招录考试、职业发展等培训业务，旗下有海文考研、金路公务员等品牌。2014 年 7 月，百度对万学教育进行 C 轮投资，金额在数千万美元级别。目标是实现在线教育 O2O 的布局，二者可以形成很好的互补效果。

智课网　智课网是出国考试线上学习平台，为学员提供名师课堂、热门题库逐题精讲和免费直播大讲堂，同时提供集学习、练习和管理于一体的在线学习服务。2014 年 9 月，百度对智课网进行 1060 万美元的 A 轮投资，通过此举瞄准外语培训市场，壮大百度自身的教育阵营。

沪江网　沪江网是国内大型的互联网学习平台，旗下业务包括互联网门户媒体、网络 SNS 社区、B2C 电子商务以及沪江网校、CC 课堂、CCTalk 等，影响力巨大。2014 年 9 月，DCM、百度、浩然资本对沪江进行 1 亿美元的 C 轮投资，通过此举建立百度在线教育的全面合作优势。

15.3.2　百度教育的平台优势

百度在 TAB 三巨头中对于教育的投资是最多的，同时投资的领域也是最为广泛的。百度自身的教育系统覆盖面也超过其他两家。

百度教育的平台似是而非度优势主要体现在以下三个方面。

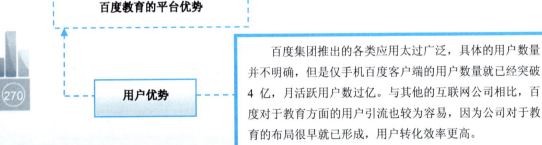

百度教育的平台优势

用户优势　百度集团推出的各类应用太过广泛，具体的用户数量并不明确，但是仅手机百度客户端的用户数量就已经突破 4 亿，月活跃用户数过亿。与其他的互联网公司相比，百度对于教育方面的用户引流也较为容易，因为公司对于教育的布局很早就已形成，用户转化效率更高。

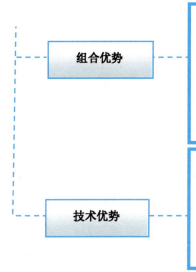

组合优势　无论是腾讯的专注社交，还是淘宝的专注电商，与百度的综合性定位相比都是不同的。百度教育的平台优势最重要的就是组合优势。在平台上，百度拥有百度文库、百度知道、百度视频、百度传课；在开发投资上，百度有作业帮、万学教育、智课网、沪江网等，其中任何一个平台的影响力都不容小觑，各自形成规模。

技术优势　百度教育的技术优势主要是体现在 3 个方面，分别是教育的互联网系统化、视频的点播和录播流畅化，以及移动 App 软件的开发应用。百度属于海纳百川的运营模式，能够及时地了解教育行业的新动态，通过对相关教育机构的投资和开发，逐渐占据国内在线教育领域的制高点。

15.3.3　百度教育的成功因素

百度教育的成功主要取决于以下 5 个因素。

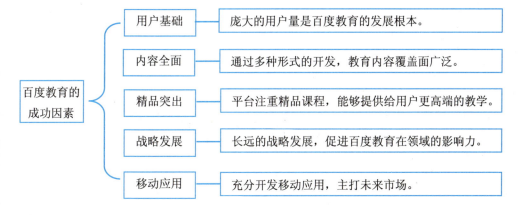

百度教育的成功因素		
	用户基础	庞大的用户量是百度教育的发展根本。
	内容全面	通过多种形式的开发，教育内容覆盖面广泛。
	精品突出	平台注重精品课程，能够提供给用户更高端的教学。
	战略发展	长远的战略发展，促进百度教育在领域的影响力。
	移动应用	充分开发移动应用，主打未来市场。

第16章

新东方教育：传统教育向在线的转型

在前面的章节中主要针对在线上教育领域已经取得一定成就的互联网教育平台，及转型成功进入发展期的传统教育平台进行了介绍。新东方教育属于典型的传统培训教育模式，其目前正处在向在线教育转型的过程中。

本章主要分析新东方教育向在线教育转型的相关问题，具体内容包括四个方面，分别是新东方教育平台概述、新东方教育平台的课程优势、新东方教育平台的成功因素和新东方教育平台面临的问题。

新东方教育：
传统教育向在
线的转型

- 新东方教育平台概述
- 新东方教育平台的课程优势
- 新东方教育平台的成功因素
- 新东方教育平台面临的问题

16.1 新东方教育平台概述

北京新东方教育科技有限公司，简称新东方教育。其总部位于北京市，是规模较大的综合性教育集团，同时也是教育培训集团。目前公司的业务较多，但主要包括以下几个方面。

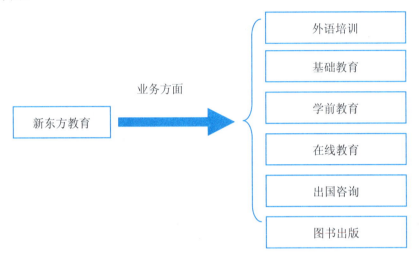

除了新东方官网之外，新东方教育旗下还有优能中学教育、泡泡少儿教育、前途出国咨询、迅程在线教育、大愚文化出版、满天星亲子教育、同文高考复读等子品牌。在国内，新东方的知名度极其广泛，尤其是在传统教育培训领域，公司于 2006 年在美国纽约证券交易所上市，是中国大陆第一家在美国上市的教育机构，并引领了国内在线教育平台在美上市的浪潮。

如图 16-1 所示，为新东方的官方标志。

图 16-1 新东方的标志

16.1.1　新东方教育平台的出现时间

2011 年 4 月，新东方网正式上线，如图 16-2 所示为新东方长沙站的主页。

图 16-2　新东方长沙站主页

作为传统培训教育的领头者，新东方在互联网教育的探索时间比其他教育机构，比如学大教育、学而思教育等要晚得多。目前平台依旧处于转型阶段，未来主要的发展方向是依托自身在传统培训教育的优势，建立 O2O 模式。

16.1.2　新东方教育平台的发展状况

下面对新东方教育发展的相关历程进行介绍，主要针对其集团发展的重要步骤进行展现，相关内容如下。

> 　　1993 年 11 月，北京新东方学校成立，新东方教育科技集团由这所学校逐渐发展壮大而成。

> 　　1996 年，第一家新东方书店诞生，意味着新东方教育集团开始接触文化出版行业，成为旗下大愚文化出版的雏形。

> 　　1998 年，新东方在实用英语方面的人才培训体系初具规模，实用英语学院正式出现，开启了新东方在英语培训领域的长期发展。

> 2006 年 9 月，新东方在美国纽约证券交易所成功上市，在国内的影响力达到顶峰，尤其是在教育领域。

> 2011 年 4 月，新东方网正式上线，开始向网络教育模式转型，探求线上与线下结合的盈利模式。

目前新东方已经在全国 50 座城市设立了 56 所学校、31 家书店以及 700 多家学习中心。自成立以来，新东方累计面授学员 2000 万人次，这个规模远远超过了其他培训机构。

16.1.3 新东方教育平台的影响情况

目前新东方教育在国内的影响力较广泛，但是随着诸多传统教育向在线教育转型成功之后施加的压力，以及互联网公司进入在线教育领域后的影响，新东方的规模在保持原有的基础上，没有进一步的再发展，与其他平台相比处于停滞阶段。下面从知名度、创新能力、用户体验和发展潜力四个方面对其深入分析。

新东方教育的知名度

作为传统培训机构，其在线下的规模是相当庞大的。56 所学校和 700 多家学习中心，使其覆盖的用户面积广泛，线下机构也是新东方教育的主要用户来源。同时作为第一家在美国上市的教育公司，新东方的教育模式在很长一段时间里都被其他平台所模仿。

新东方教育的创新能力

新东方侧重的是传统培训教学模式，在这个领域新东方始终拥有绝对的权威性，但是其整体的创新能力远远不及其他同类型的教育公司。比如学大教育在线上线下的模式创新，学而思教育在线上建设平台，构建门户网站的长远布局，这些在新东方教育里都很难看到。这也是为什么新东方转型在线教育不被认可的原因所在。

新东方教育的用户体验

在实际情况中，新东方的用户体验主要体现在线下教学。尽管线上平台的内容较为广泛，但是平台主要是为线下机构进行服务的，比如快捷报班、考试月历、校区查询、院校库等，通过网络平台的作用为线下机构输送用户。

新东方教育的发展潜力

新东方的负责人俞敏洪曾在新东方 2015 年工作部署动员大会上表示，新东方发展到今天，只有两条路走，要么选择继续辉煌，要么退出历史舞台。目前新东方教育的转型并不明确，各种问题不断出现，尤其是其他机构对新东方师资力量的抢夺，其组建的生态教育系统未来发展趋势不定。如果转型成功，依托传统教育的优势，那么发展潜力将较大。

16.1.4 新东方教育平台的网站设计

新东方教育在平台设计上主要突显课程优势，提供给用户群体最快捷的选择，如图 16-3 所示。

图 16-3 新东方网的课程页面

平台除了课程选择，还有一个作用就是导航，将用户引流至旗下的教育平台，如图 16-4 所示。

图 16-4 平台的导航作用

在平台上，同样有对优秀课程的推荐，但是所有课程都是直接链接至线下的教学机构，而且没有任何试讲的机会，不提供线上的在线体验。这与其他发展已经较为成熟的平台相比差别明显，如图 16-5 所示。

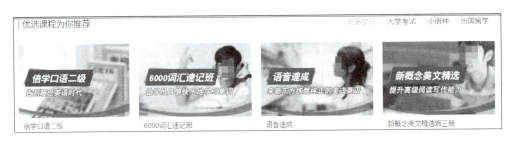

图 16-5　平台推荐的优秀课程

　　除了以上的平台内容之外，新东方网还向用户提供教育资讯，便于用户了解。但是在现在信息发达的环境里，尤其是各类教育微信公众号的迅猛发展，平台的这个设计不算有创意，如图 16-6 所示。

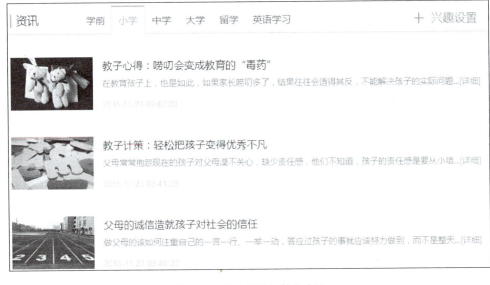

图 16-6　平台提供的教育资讯

16.1.5　新东方教育平台的受众群体

　　从平台的内容定位来看，目前新东方主要针对 K12 教育、学前教育、语种教育及职业教育等领域开展业务，受众群体以学生为主。在未来的发展中，会逐渐地扩散到其他人群。如图 16-7 所示为新东方小学教育的页面。

图 16-7　新东方小学教育的页面

16.2　新东方教育平台的课程优势

下面对新东方平台的课程优势进行具体分析。新东方在培训教育领域已经有二十年，在线下形成了较完整的一套教学体系，但是在平台上没有充分地体现出来。具体的课程分类有学前课程、小学课程、中学课程、大学考试、英语学习、出国留学、小语种学习等。

16.2.1　学前课程

新东方的学前课程主要包括两个方面，分别是幼儿的语文、数学、外语教学，以及学小衔接阶段的语文、数学和外语教学。如图 16-8 所示为幼儿阶段的线下教学课程链接。

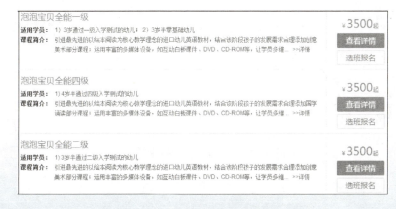

图 16-8　幼儿阶段的线下教学课程链接

16.2.2　小学课程

新东方的小学课程主要包括六个方面，分别是小学六个阶段的语文、数学和外语教学。如图 16-9 所示为小学阶段的线下教学课程链接，用户可根据不同的课程进行选班。

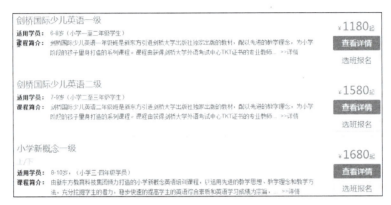

图 16-9　小学阶段的线下教学课程链接

16.2.3　中学课程

新东方的中学课程主要包括初中和高中两个部分，分别是初一、初二、中考；高一、高二、高考六个阶段。

其中高考阶段除了语文、数学、外语、物理、化学等，还有相应的自主招生、港澳面试、艺考文化课等，在全面覆盖内容的情况下，打造特色课程。如图 16-10 所示为港澳面试的招生链接。

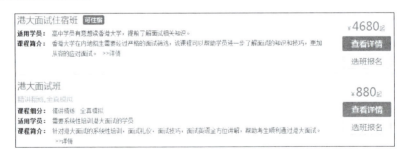

图 16-10　港澳面试的招生链接

16.2.4　大学考试

新东方在大学考试领域的内容主要包括五个方面，分别是大学考试、考研公开课、考研专业课、考研无忧计划和考博。与其他的同类型教育机构相比，在内容上更为广泛，而且更为专业。如图 16-11 所示，为考研公开课的内容。

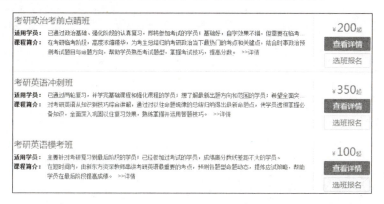

图 16-11　平台上考研公开课的相关内容

16.2.5　英语学习

英语培训是新东方的优势所在，也是一直以来在大众中影响力最为广泛的内容，主要包括六个方面，分别是新概念、口语提高、词汇速记、全面提升、单项突破、职场英语。在英语学习领域，很多的垂直平台都借鉴了新东方的课程设置模式，但是与现在的其他平台相比，新东方在英语学习领域没有太多的课程创新之处。

如图 16-12 所示，为部分的英语教学课程。

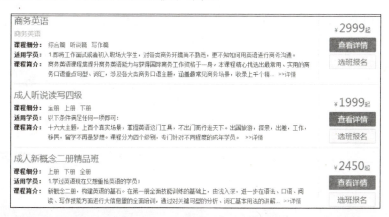

图 16-12　新东方部分英语教学课程

16.2.6　出国留学

新东方在出国留学领域的影响力也是其他平台望尘莫及的。在这方面，平台将课程细分为五个部分，分别是语言考试、本科入学考试、研究生入学考试、整体解决方案和留学申请。相关的界面主要是链接至旗下的前途出国平台，如图 16-13 所示。

图 16-13　前途出国平台上的美国留学页面

16.2.7　小语种

目前新东方为大众提供了小语种的学习，这也是新东方在语言培训方面领先于其他平台的地方，具体分为德语、法语、日语、韩语和西班牙语。通过专业的课程老师，保证学员的教学质量。

如图 16-14 所示，为德语的分层次教学培训班开课情况。

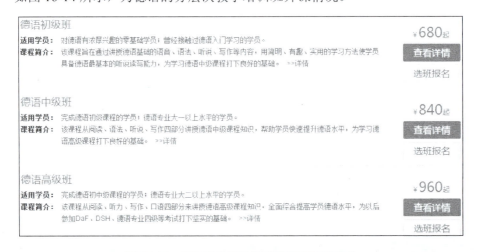

图 16-14　德语的分层次教学培训班开课情况

16.3　新东方教育平台的成功因素

新东方教育尽管面临着转型的困惑，但是在实际的收益中，新东方的运作在还是比较成功的，主要有以下几个原因。

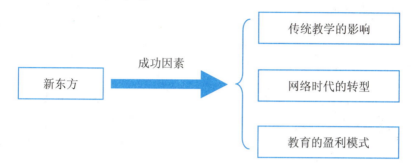

16.3.1　传统教学的影响

新东方在二十年的发展中所形成的品牌效应是相当值钱的。即使新东方在转型方面饱受争议，但是凭借其传统教学的影响力，新东方仍然牢牢地占据着教育领域中的一大块蛋糕。

在线下的教育布局中，新东方的诸多分校、教学中心都不是互联网教育平台能够轻易撼动的。在教育方面，大众的认可度也远比 TAB 等互联网巨头的教育平台要高得多。这些都是新东方在传统教学领域的积累，是未来转型成功之后的厚积薄发。如果 O2O 模式能够建立成功，那么新东方将再次成为行业巨头。

16.3.2　网络时代的转型

新东方教育对在线教育的拓展进度一直被大众批评。因为在线教育已经成为一种潮流，也必然是未来教育的主要模式，但是新东方在这一方面仅仅只是开设了新东方网，在长达数年的时间里几乎没有太多作为。

面对学大教育、学而思教育等同行的大手笔网络战略布局和一大批互联网出身的新兴机构的快速行动，新东方的转型来得格外缓慢。但是不可否认的是，虽然新东方的转型相当慢，其网络平台的作用也主要是为线下机构导流，但是其一直在探索转型的具体模式，比如迅程在线教育、大愚文化出版等与网络密切相关的平台。

网络时代的转型虽然缓慢，但是比没有转型的传统教育机构而言已经有一定的进步，能够抵抗起一些互联网平台的冲击，比如 100 教育对新东方的挑战，采用托福等新东方传统的主要盈利来源课程，进行免费的授课模式吸引人流量。但是随着时间的推移，100 教育在这方面的作为开始放缓，因为效果并没有预料得那么好，新东方凭借其精品课程依旧保持了盈利额，没有被 100 教育的免费攻略所击败。

• 专 家 提 醒

需要注意的是，新东方对在线教育模式的转型虽然缓慢，但是它仍然是中国最大的民营教育培训集团，引领 8 家海外教育上市公司，每年的营业收入接近 60 亿元人民币，地位不可撼动。

16.3.3　新东方教育的盈利模式

从新东方网的平台设计可以看出，线上的所有内容都是为线下的教育中心点服务的，这种模式在目前的教育环境下也可以保持较稳定的发展。

新东方教育的盈利模式一直没有创新，保持着原本的方式，也就是通过线下的具体开班教学获得收入。尤其是针对高端教学和独特课程教学等领域，成为其在多方打压下依旧保持盈利的根本原因。

未来教育的 O2O 模式，新东方占据着先天优势。线下的教学机构不是一两天就能够形成的，这个庞大的规模是支撑起 O2O 闭环发展的重要方面。在未来的盈利模式中，新东方还是会走线上与线下结合的模式。

16.4　新东方教育平台面临的问题

新东方作为一个传统教育向在线教育转型的典型案例，在这个过程中出现的问题能够给其他的机构和平台带来较大的借鉴作用。具体来说，转型问题主要体现在以下几个方面。

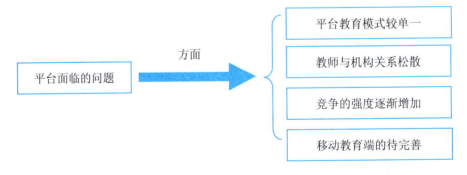

16.4.1　平台教育模式较单一

尽管新东方对未来的定位是教育的生态圈，因为教育是一个线上线下密切结合的事情，形成一个完整的教育生态圈才能够更好地发展下去。但是至少目前而言，新东方的作为不像其定位那样丰富，而是极为单一的一种授课模式，无论是在表现形式上，还是在具体的教师选择上，都与传统教育毫无区别。

在具体教学上，依靠教师的师资力量，优秀的表达水平去教学，同时使用 PPT 等有助于教师的辅导工具，但是在其他的方面，比如建立完整的教学辅导系统等较少见，与其他平台相比开拓的模式较少。

16.4.2　教师与机构关系松散

新东方的师资力量优势是很明显的，要不然其他的教学机构不会以挖到新东方的名师而高兴，但是这并不意味着新东方的教师与教学机构关系紧密。

新东方之所以对在线教育的布局一直放慢速度，原因在于传统教育中业务高管的反对。增加线上教育，需要的是新的血液，这对于传统的教学会产生极大的冲击，尤其是对新东方这种以传统教育模式为主的机构而言。在这种情况下，教师与机构的关系并没有表面展现得那么良好，尤其是在一些平台支持自媒体教学的情况下，优秀教师的离开逐渐出现。

如今的新东方已经到了不完成自我变革，就要可能被取而代之的路口。转型期间的风波和问题是最多的，教师就是其中重要的一个方面，尽可能地加快转型速度，提升教师的凝聚力，尤其是对优秀教师，这是新东方教育转型过程中需要注意的重要问题。

16.4.3　竞争的强度逐渐增加

互联网教育平台在前期的发展中是相当消耗资金的，但是随着教育市场的火热，大量的资金被投入到在线教育领域中去，形成了目前的在线教育市场。

平台需要发展，就必须去挑战传统的教育巨头，比如新东方。或许一个 100 教育不能动摇新东方的根本，但是很多个 100 教育未必不能动摇新东方。居安思危与创新是新东方在目前的竞争环境下需要特别注意的问题。

同时，竞争不仅仅体现在内容的同质化上，还包括以下多个方面。

> **现有竞争者：**英孚教育、环球雅思、好未来、泸江在线、普特英语等。

> **新进竞争者：**百度、腾讯、阿里、网易、YY 等互联网巨头。

> **替代品竞争：**学习渠道多元化是未来趋势，绝不仅仅只是新东方模式。

> **教师流动率：** 市场需求强烈，教员离开或自立门户的情况时有发生。

> **用户流动率：** 新东方的教学质量是肯定的，但是费用会让用户选择离开。

16.4.4　移动教育端的待完善

新东方在 2014 年 8 月上线了 App 应用软件，即新东方在线，其相关功能如图 16-15 所示。

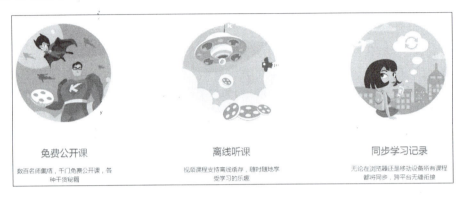

图 16-15　新东方在线 App 的功能

与其他平台相比，新东方在移动教育端的开发还有待加强。比如淘宝教育接入淘宝手机端的淘生活版块和疯狂直播两个入口，推广移动学习，未来将通过天猫魔盒占据电视机教学的教育领域；腾讯教育大力推广微信公众号服务，目前大部分的在线教育平台都有微信公众号，这些都是新东方所没有的。

第17章

经典失败案例：梯子网是如何办砸的

成功者往往自带光环，创始人可以在各种场合大谈特谈其成功的经验，但是对于失败者，无论是他的公司还是经验，都很少有人去特意记住。

本章主要分析在线教育领域中曾经有着较大影响力，但最终落败的梯子网。其失败的原因应当成为后来者的经验，并在实际的运作中尽可能地去避免。本章从梯子网的概述、困境和失败的原因三个方面进行分析。

```
                                    ┌─────────────────┐
                                    │   梯子网的概述    │
                                    └─────────────────┘
经典失败案例：
梯子网是如何        ┤               ┌─────────────────┐
  办砸的                            │  梯子网的困境分析  │
                                    └─────────────────┘

                                    ┌─────────────────┐
                                    │ 梯子网失败的原因分析 │
                                    └─────────────────┘
```

17.1　梯子网的概述

　　梯子网的创始人龚女士在国内投资界的影响力较大。她创建的不仅仅是梯子网一个平台，在梯子网溃败之前，龚女士在教育领域的投资期里共创建了三个平台，分别是 91 外教梯子网和那好网。

　　梯子网的失败被认为是 2014 年在线教育领域的一场巨大冲击波，甚至部分业内人士认为是在线教育模式开始走向失败的一个标志。

　　首先来看看龚女士创办的这三个平台的发展情况。

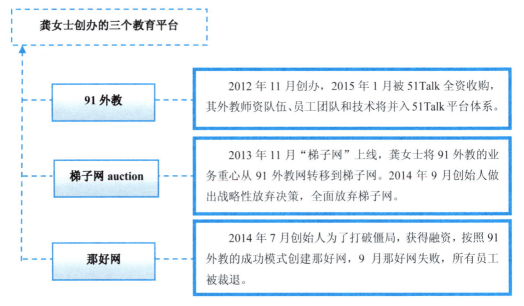

　　在这些平台中，梯子网的创建与失败最为典型，特别值得创业者引以为鉴，同时也是为传统企业向互联网的转型敲响警钟。

17.1.1　创始人的背景

　　2011 年在美国上市的世纪佳缘公司唯一创始人就是来自于湖南桃源的龚女士。世纪佳缘从 2003 年 10 月创办，到 2015 年 3 月时，会员达 1.35 亿。如图 17-1 所示为相亲网站世纪佳缘的官方主页。

　　因为在线教育领域的创业失败，龚女士投入的资金彻底打了水漂，为了获得资金，龚女士几乎清空了对世纪佳缘公司的持股，不再担任世纪佳缘任何管理职务。可以说在线教育这一场战役，就将创始人原来的资本都赔了进去。

图 17-1　世纪佳缘的官方主页

　　如此惨重的失败，对于所有有意进入在线教育市场的人都是一种震撼。在进入在线教育领域之前，龚女士的成功经历使其在业内享有极高声誉，世纪佳缘在国内的影响力是相当巨大的，其拥有上亿的注册会员。

　　2012 年龚女士辞去世纪佳缘 CEO 职位后，二次创业项目选择了教育领域，并推出了首家在线英语培训平台 91 外教网，一个主打在线英语口语"一对一"的视频网站，如图 17-2 所示。2013 年 7 月，91 外教获得网易资本 400 万美元的融资。

图 17-2　91 外教网

　　由于外教市场的狭小，并且竞争激烈，91 外教需要直接面对 51Talk 和 VIPABC 两家较有影响力的同类型平台的直接压力，这导致 91 外教的付费用户数和转换率一直很不理想。龚女士认为这个垂直化领域竞争非常激烈，有可能到最后是同类型平台打价格战，利润很难在短时间内获得。

　　2013 年 11 月，龚女士推出了涵盖中小学 K12 阶段的全学科教学资源共享平台，也就是梯子网。创始人将全部重心偏向梯子网平台，希望借助梯子网成就在线教育领域。整个创业团队共有 140 多人，有 120 多人在主做梯子网，仅 20 个人在维护 91 外教网。

17.1.2　梯子网的出现

　　在梯子网创建之初，龚女士就认为，对于大量的草根创业者来说，梯子网的全学科教学资源共享平台模式是不能承受之重。这是一场豪赌，她扬言在三年里要烧 4.5 个亿去推动梯子网。梯子网出现的具体步骤如。

创业团队

　　梯子网的公司规模，员工数量超过了 90% 的创业公司，并且创始人给员工开出的工资都较高，同时许诺给员工一个光明的未来。

战略定位

　　创始人选择了在线教育中难度最大的事情，也就是做在线教育平台，而不是小规模的教育机构。创始人认为，高门槛平台如果能存活下去，将一举摆脱当初做婚恋网站时低行业壁垒的状况，甚至以后遇到互联网三巨头 TAB 也不用担心用户的流失情况。

业务内容

　　业务内容包括了题库、资源库、评测和社区互动等业务。这种模式意味着需要巨大的投入，资金操控稍有不畅就会面临覆灭。

融资情况

　　为了使梯子网更好地发展，创始人将 91 外教获得的网易 400 万美元的融资转移到梯子网的建设中去，但是这笔钱很快就用完了。

2013 年 11 月，梯子网出现在在线教育领域，成为诸多新创公司中的一个。在前期，梯子网的发展势头良好，随着资金的投入很快在 K12 教育领域占据了一线地位。

17.1.3　梯子网的布局

梯子网的产品布局相当广泛，这也是因为 K12 教育领域的内容比较广泛的缘故。在具体的操作上，梯子网的布局情况如下。

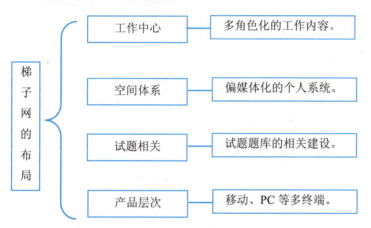

单单只是在运作方面，梯子网在产品端和内容段的开销就非常大，产品线太长，导致更加细化的产品难以做透做精。在实际的 K12 教育领域中，梯子网的产品线中的每一个模块分离出来都是一个垂直领域，都有其他的垂直化平台参与竞争，这对于梯子网留住用户的目标而言是相当致命的。

梯子网的战线拉得过长，给自己的营销和运营带来极大的挑战，经过一段时间的尝试之后，梯子网决定在保持战线长度不变的情况下，重点包装两个垂直方面，分别是试题题库和课件资源，如图 17-3 所示。

在梯子网的老师专区中，备课资源、试题题库和教师数量一目了然。这些都是老师迫切需要的教学资源，也是梯子网发展的根本条件。可以说，梯子网在这两个部分的定位是符合受众需求的。

当然，这仅仅只是梯子网对于老师部分的布局。从整体上而言，搭建全方位的教育平台，梯子网需要撬动教委、学校、老师、学生、家长和线下教育机构等的利益，竞争太大。同时，梯子网在受众方面又分为三个部分，分别是中小学老师、学生和家长。

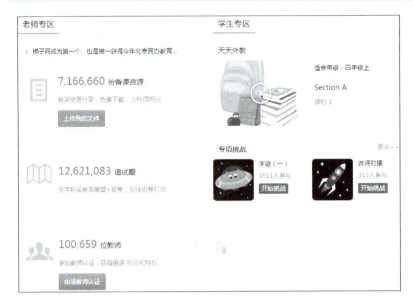

图 17-3　梯子网重点打造的试题题库和课件资源

在中小学老师方面：梯子网充分利用互联网的数据整合和筛选能力，通过整合各地、各教材版本的大量习题数据以及考点，让老师可以快速筛选题目，智能出题。老师也可以去查看别人的试题，在需要的情况下可以直接下载，如图 17-4 所示。

图 17-4　梯子网提供的可供下载的试题与试卷

在学生方面：梯子网利用技术手段，通过数据分析、优化学生做题效率，让学生不再苦战题海，而是将大部分精力集中于自己的薄弱环节。

除了试题题库以外，梯子网的答疑 APP "梯子答疑" 则以拍照和文字描述的形式让学生向老师在线提出疑问，但这种方式在平台中同样存在很多竞争者。

另外，在梯子网的学生个人中心，学生能够直接链接进入天天外教、专项挑战和热门挑战等教学页面，开通了班级空间功能的学生，可以进入班级空间查看班级的相关情况，如图 17-5 所示。

图 17-5　梯子网上学生的个人中心

在家长方面：提供孩子学习情况的监测和上网监控服务，将学生的学习情况数据化、可视化，家长可以通过孩子的做题数据来了解其知识点的掌握情况，知道孩子的弱项在哪里。

另外梯子网还提供一款安全监控软件，让家长可以限制孩子上网的站点，让家长随时随地、直观地了解孩子的薄弱环节，了解孩子的浏览记录。

在梯子网，家长可以在个人中心中绑定孩子的账号，查看相关的学习情况，得知孩子的在线学习、作业、考试情况等，包括学习资源和绿色上网等，如图 17-6 所示。

首页	幼升小	小升初	中考	高考	杯赛导航

绑定孩子　　　绑定已有孩子账号　　创建孩子账号并绑定　　绑定孩子有什么好处

学习资源　　温馨提示：请向您的孩子询问梯子网的账号和密码，以便绑定您的孩子。

绿色上网　　孩子登录名：

　　　　　　孩子密码：

　　　　　　角色：爸爸

　　　　　　　　绑定

✓ 建立孩子与家长之间的联系纽带
✓ 直观了解孩子的学习情况，查看统计分析
✓ 掌握孩子薄弱环节，查缺补漏
✓ 与孩子分享精彩的美文
✓ 参加梯子网不定期举办的各类活动

图 17-6　家长的个人中心界面

梯子网主要是从教学工具切入市场，意欲搭建一个教育社区，帮助学生个性化发展。通过智能测评系统的强化练习，帮助学生找到知识薄弱点。家长们通过梯子网，从手机客户端或者网页随时随地了解孩子的学习情况。

为了达成这个布局效果，梯子网需要签约全国各地初、高中的优秀教师入驻，负责线上教学、出题、作业、讲课和答疑等。同时所有的老师都可以无偿获得备课、组卷需要的参考资料。

17.2　梯子网的困境分析

随着梯子网的发展，在经历了初期的影响力快速发酵之后，平台面临的困境逐渐显现了出来，主要表现在以下几个方面。

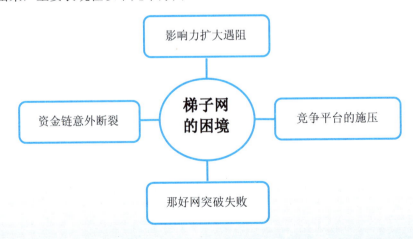

17.2.1　影响力扩大遇阻

梯子网在前期的发展中，主要依靠创始人的名气和团队的能力拓展市场。随着市场的不断拓展，影响力扩大遇到的阻力不断加深。从平台自身而言，相关方面的的分析如下。

创始人的名气

尽管创始人龚女士在业内的名气极大，但是因为梯子网的布局太过广泛，让很多资深人士并不看好，所以名气带来的影响力达到一定的程度后无法继续为平台带来实际效果。团队的拓展也因为平台内容的定位而陷入泥沼。梯子网是偏向辅助工具类的在线教育平台，只是通过答题、智能出卷和闯关做题等帮助学生进行课后试卷练习和讲解，在该领域平台同质化十分严重，在多方面的情况影响下，梯子网的影响力很难再进一步。

教研团队问题

梯子网的产品研发缺少专业的教研团队。尽管梯子网打造的是吸引老师来完成教学相关课程，但是对于梯子网本身而言，没有教研团队就始终属于门外汉。老师虽然可以提供专业的内容，但是教研和教学不一样。当教学产品到了老师手里的时候，老师觉得产品并不专业，不能完全实用，那么之前的功夫也就白费了。

梯子网在后期发现问题所在时，已经是无能为力，虽然在教研团队等方面进行了改善，但是随着资金的消耗，后继不足，最终在团队解散之前没有完成转变。

17.2.2　竞争平台的施压

K12 教育是发展潜力最大的，但是同时也是竞争力度最大的领域，对于综合性平台而言更是必不可少的一部分。

在梯子网出现之初，市面上相关的细分领域都有竞争对手，题库类的有猿题库；解答、评测类的有快乐学、爱考拉；致力于做师生互动的有粉笔网(虽然不久之后倒闭)等。这些仅仅只是较有影响力的，还有诸多的新创平台。

除了垂直化领域的平台之外，也有"一起作业网"、智课网等相关的综合平台，这些平台的影响力更大，范围也更广泛，给梯子网造成的压力也就越大。在资源掠夺战中，梯子网消耗了大量的资金投入在教学内容上，但是仍然无法继续发展下去。

下面以"一起作业"网(见图 17-7)为例，来分析梯子网为什么在资金投入之后依旧无法取得突破。

图 17-7 "一起作业"网的主页

"一起作业"网的发展重心在产品的创新，在梯子网所追求的教学效果上的创新，如图 17-8 所示。

图 17-8 "一起作业"网的教学创新

从平台的产品创新上可以看出，"一起作业"网尽管也提供工具性的辅导，但是更有针对性，内容也较细化，更为丰富。梯子网因缺乏做得如此全面而且深入的资金，所以在竞争中受到的压力较大。

17.2.3　那好网突破失败

2014 年 7 月，龚女士推出了其新创办的第三家在线教育网站，那好网，主打 K12

领域的"互动直播",如图 17-9 所示。

图 17-9　那好网页面

那好网本质上是一个在线补课与在线家教结合的平台,主要特点是直播互动、个性化辅导和范围覆盖整个 K12 教学阶段。在创始人看来,与梯子网从 91 外教转型不同,那好网的出现不是为了要在内容和模式上转型,而是属于梯子网的延伸。

那好网在创建之后,与北京大学教育学院建立了战略合作关系。最初那好网只开设了 4 门免费课程,以素质教育内容为主。第一门直播课于 7 月 13 日正式开播,上课时间和时长也比较固定,类似于平日学生上课,然后通过影响力逐渐形成直播收费的模式。

随后,梯子网的推广部门负责人,带着迅速布局渠道的任务在全国积极拓展代理商,欲图迅速在全国建立渠道网络,为梯子网造血。资金的短缺促使了那好网出现。这个平台做互动直播平台,可以收费,这样通过产品把梯子网的客户流量变现。但是问题同样出现了,梯子网上积累的客户流量并不像互联网平台那样庞大,而是难以支撑起商业模式,那好网在开通之后收入寥寥无几。

需要注意的是,那好网的平台定位是正确的,这点在后来的其他平台定位中得到了证实,主要体现在以下两个方面。

K12 领域的 直播模式 ⇒

直播模式是在线教育中被证明可行的模式之一。

在 K12 领域来说,直播能做到更聚焦,更高频率的交互使用,尤其是对于学生而言;同时用优质的一二线教育模式覆盖三四线城市的人群是在营造平台未来的发展潜力。那好网小班课程为 10 人,大班 30 人左右,只有公开课才会有更大规模的人数,这点是符合教学逻辑和平台定位。

平台直播的相应条件

> 平台开设直播课的先决条件是学生要有联网的笔记本或带摄像头的计算机，基础硬件在一二线城市家庭不是问题，目前国内家庭中有计算机的也不在少数，足以支撑一个平台的发展需求。那好网更希望的是培养学生和家长的在线使用习惯，原本计划2014年的下学期将是那好网发力的主要时期。

同时，那好网注重 PC 端上的教学直播，这点有利有弊。有利的是习惯养成后，直播对实际一对一和小班授课还是有一定的影响和冲击力的，尤其是与学校或机构的合作会成为未来发展的一个突破点。弊端在于移动端的学习已经成为一种主流，不开发这个方面就等于慢人一步。

那好网的平台定位和盈利模式可以说并不出众，但是确实可行，之所以会关闭，主要是因为创业型公司从小到大，需要解决现金流和规模扩张之间的矛盾，必须要做到平衡才能发展。但是那好网已经等不到发展的契机，没有资金的支持不得不停止了发展。

17.2.4 资金链意外断裂

资金是发展的根本，下面从平台发展前期、中期和后期的资金链进行分析，剖析其断裂的原因。

平台发展前期

> 从91外教成立之初，创始人就自己投入了1000万人民币。这笔钱主要用于平台的发展，但是还远远不够，平台在前两个月就花掉了400万。创始人在寻求天使投资的同时，合伙人的中途退出进一步打击了平台资金链完整性，这个时候资金链的问题已经较为突出。

平台发展中期

> 91外教获得了400万美元的投资之后，创始人建立了梯子网，平台在前期发展之后，员工工资的问题日渐严重。据悉梯子网共有180人的团队，还签了600多个兼职人员。这对于平台的发展要求而言，还远远不够。按照平台的规划，梯子网至少要有300名员工，预计一年要花1.5亿元，其中人力成本6000多万元。对创业公司而言，这是个非常夸张的数字，筹资是个大难题。

在平台发展的后期，龚女士也曾拿到了某 VC 的投资意向书，但在做完尽职调查之后，该 VC 却选择了停止投资。从这之后，梯子网的资金链已经接近断裂，这也是导致平台一夜倒闭的直接原因。

在平台倒闭之前，有一笔 300 万美元的风投即将投入，资金依旧是来自 91 外教网。但是对于整个平台所需要的资金而言，这笔钱只能是维持一种无谓的挣扎，因为平台的范围实在太广，没有上千万的投资就不能继续，所以梯子网选择了放弃。

17.3 梯子网失败的原因分析

梯子网的倒闭十分突然，在此之前，使用梯子网的老师和学生对于梯子网的平台反馈是相当不错的。

在梯子网上，平台特意创建了一个用户反馈区域，用于了解用户的使用情况，部分内容如图 17-10 所示。

薛██（安徽淮北老师）

现在教育网站有很多，我最看好梯子网。因为梯子网门类清楚，便于分类分项学习。先有试题，点击后出现答案及解析的设计，既有利于学生做题，也方便老师讲解。相信充分利用梯子网，将极大改变现在的教学模式。希望在线学习之风愈演愈烈，祝愿梯子网成功！

吴██（广州）

印象中梯子网界面简洁，操作流畅，体验最好的是组卷的DIY功能，我见过最强大的组卷。希望梯子网再接再厉，困难即机遇。

陈██（广东顺德老师）

强烈要求梯子网推出客户端啊，还有，我是资深的app用户，有很多app体验经历，如果需要我帮忙的话，我很乐意去帮忙，梯子网，是我十分看好的一个网，以后绝对有很大的市场空间，加油啊！！！！！！！！

彭██（湖南常德老师）

我是桃源一中的一位学生家长，也是一名教师，很早就听闻你的事迹，让我钦佩，谢谢你还心系教育，不忘师恩，本着为家乡培养更多人的目的，你创办了梯子网，我访问以后，觉得内容很丰富，要是能有实验视频就更好，一点小小的建议，希望梯子网办得越来越出色，我会是你忠实的用户。

田██（山东滨州老师）

龚海燕女士为中国的教育做出了巨大贡献，特别是为我们这些落后地区的教育状况的改变意义更大。请让我们叫您一声：龚老师！谢谢你在教育上的无私奉献。

图 17-10 梯子网的用户反馈界面

有着如此良好的用户体验，为什么梯子网会突然倒闭？

梯子网的失败原因是多方面的，下面从六个方面进行分析，分别是平台定位的错误、移动端潜力不用、产品影响力有限、创始人盲目乐观、团队沟通不顺畅。这些原因共同决定了梯子网的最终失败，并且无法挽回，即使最终有天使资金投入，平台也必将失败。

17.3.1　平台定位的错误

梯子网的定位决定了平台的战线太广泛，平台做的是中小学生全科教育，要把中小学生语文、数学、英语等课程的全部资源上线。

然而，中国是一个以省为单位划分教区的国家，甚至每个市区的教材都不一样。教材的多样性导致产品的多样性，同时这些教材每年都会有一定程度的内容更新。如果提供的产品不能与学生所学的同步，学生就没有上梯子网找资源的动力。

在 K12 教育领域，可供学生和家长选择的太多，即使是到现在，也没有到聚焦的时候。只有通过一番厮杀和淘汰，生存者才有可能找到稳定的盈利模式，从而让学生和家长能够直接选择。

梯子网的定位错误就体现在对 K12 教育缺乏了解，盲目跟进，只想成为平台。这个目标导致产品线过长，平台太大就难以精耕细作，最终体现还是产品对用户的价值不大，投资的钱没有达到一定的程度就无法改变这个事实，没有将其他的竞争对手打败那么也无法占据有效的地位。

互联网必须要经历这样一个阶段，前期产品的完善，包括用户的发展，教员资源的建设，这些都需要投入大量的人力和物力，想做一个平台型的产品，对资金的需求量更大。这也是为什么越来越多的创业公司愿意避开与 TAB 三大平台的正面交锋，转而寻找一个细小的切入点做到最精，从而单点突破的原因所在。

・专家提醒

"梯子网"虽然大而全，就算持续烧钱，纯粹用资金将影响力堆砌起来，在实际上也难以建立起行业壁垒。

首先是内容上，试题的独有性太弱，互联网时代几乎能够将所有的东西共享；其次是教师资源，拥有大量的教师需要承担高额的成本，同时实际效果的可能并不多，尤其是对初创平台而言；最后是规模难以为继，平台属于在线教育中最难做成的，同时也是发展前景最好的，但平台规模增长需要几方共同成长，难度很大，时间很长。

17.3.2　忽视移动端潜力

梯子网和那好网虽然有移动端的应用出现，但是与其他平台大力宣传其 App 应用相比，创始人并没有充分地去注意其潜力。

从梯子网创建开始，不断在移动端上进行尝试就是一种常态，取得的实际效果有限。在一年的时间里，梯子网的移动团队做了 12 款正式上线的 App，这 12 款 App 涵盖了目前在线教育行业的主流内容，主要包括以下几个方面。

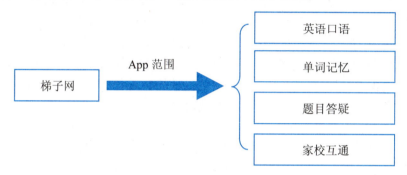

在实际的应用中，这些软件大部分都浅尝辄止，因为没有有效的影响力，也没有资金去推广 App 应用，重点还是创始人对于移动端并不重视。

在所有 App 中，"梯子答疑"和"天天外教"的视频 App 是最有效的，"梯子答疑" App 如图 17-11 所示。

图 17-11　梯子答疑 App

移动开发的团队希望将软件植入电视盒子中，从而进入家庭。这样的学习体验会更好，获取用户也更容易。为此团队与海尔电视签订了合作协议，所有的海尔电视盒子自带这款应用。当时，海尔一年有 630 万台电视盒子出货。

随着创始人的资金链断裂，平台倒闭，这个原本可以光芒万丈，或许成就另外一条宣传渠道的想法也随之消亡。

17.3.3　产品影响力有限

如果按照梯子网的产品线，假使能够持续发展下去，那么可推演出的商业盈利模式是很清晰的。不过在线教育的付费模式，在国内的环境下没有形成习惯，尤其是在k12领域。

梯子网的试题大部分都是没有独有性的硬资源，只有成为学生、家长、教师们都认可的平台，且要有大规模的用户覆盖和家长覆盖才能产生盈利模式。

问题在于在目前的教育领域发展状况下，家长们对在线教育的认知，以及跟随学生学业匹配的跟踪机制并没有多么完善，家长们也没有足够的动力来介入平台。

K12教育的大部分时间里，学生需要学习的是学校的课堂教育，在线教育只属于课外教辅中的一部分。在线教育难以获取关键性的针对学生的售前信息，而线下传统教辅机构却不同，下面以学大教育线下的教辅中心为例。

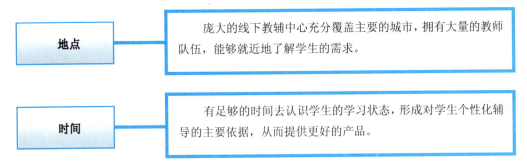

在线教育面临着这样的需求盲点，梯子网同样也是如此，产品无法直接做在学生的需求上，也就导致影响力有限。

需要注意的是，现在的中小学对于自己的教师资源控制得相当严格。平台所拥有的教师资源，尤其是普通的外教可能远远比不上中小学自己的水平，那么就更不可能获得用户了。

· 专 家 提 醒

随着互联网时代的发展，获取渠道的成本越来越高，同时渠道需要长期的打磨。在过去，花费几千万建立全国的渠道还有可能，但是现在完全不同了。要建立一个全国性的渠道，需要的资金是天文数字。

梯子网一直没有建立一个行之有效的推广渠道。同时在K12领域，学生是被圈出来的，对学生影响最大的是学校和老师。梯子网的产品难以直接到达K12领域的学生，因为学生直接使用电脑进行学习的可能性太小了。所以，梯子网在前期获得的都是K12领域之外的用户，这让平台更加难以发展。

17.3.4　创始人盲目乐观

　　创始人的心态决定了一个平台的发展大势，事实证明，梯子网的创始人低估了做在线教育平台的困难程度。

　　之所以出现这种状况，是因为创始人在创建世纪佳缘的时候，同样遇到过极其危险的事情。当时公司的资金链也已经接近崩溃，但是这个难关最终还是安全过去了，世纪佳缘之后发展迅速，最终在美国成功上市。

　　这种创业经历让她觉得没有难关是过不去的，但是资金这个问题依旧击垮了梯子网和那好网。竞争对手之所以能够击败梯子网，就在于创业者以往的成功心态与毫无经验者的放手一搏是有很大区别的，有利也有弊，主要体现在以下几个方面。

> **急于求成的心态**
>
> 　　第一件事做了六七年，然后成功了，那么第二件事自然不想再做六七年才能成功。心态上会更加急于求成。对于无经验者而言，即使花费十年做成功了，也是值得的。

> **高估的市场定位**
>
> 　　做了多个网站，战线展得太广泛，树敌太多。如果刚开始就做一件事，死心塌地做一件事，那就不需要那么多员工，资金也可以支撑更长时间。天天想一个事，成功的概率也会更高。创始人觉得资金不是失败的原因，其最大的失败就是不够聚焦于一件事。

17.3.5　团队沟通不顺畅

　　因为创始人的明星光环，同时也因为所有人都是她的团队人员，所以创始人的想法直接成了团队的想法，这在实际的网站运营中影响很大。比如移动端的失误就是属于创始人的个人想法所致，开发的团队对此毫无办法。

　　梯子网最后的关闭也是证明团队沟通存在问题的一个方面，除了创始人，所有人都没有想到梯子网会关闭。因为仅仅在关闭前的 20 多天，在长沙一个星级宾馆里，梯子网的渠道团队邀请了创始人，和全国的 240 位地方站长一起为梯子网举办了隆重而又热闹的长沙会议。

303

　　这些人都是认可了梯子网和那好网的模式，希望加盟成为代理商，然后在新学期开学后就大干一场。在梯子网的发展中，长沙会议将是记入梯子网发展史册的一次最重要级别的代理商大会。它将给梯子网带来渴求已久的收入，推广的团队负责人估计最少会进账一两百万元。这已经远远超过之前的 91 外教规模，所有人都对梯子网的未来充满信心。

就在这种情况下，梯子网的创始人龚女士突然发出通告，宣布梯子网倒闭。推广的团队负责人说，我们在前线打仗，后面举白旗投降了。所有的团队人员一瞬间觉得被辜负了。同时所有地方站长已经联系了相关的学校，为了打开局势，梯子网投入了大量的资金，除此之外团队还需要垫付市场开拓费、邮寄教材费、会议报销车费、宣传费、教研活动经费等。

所有的努力都因为创始人的一句话就被全盘否定，这种伤害是相当巨大的。平台可以倒闭，但是绝对不能以这种方式倒闭，在这个决策上创始人的行为完全不成熟。此事件被认为是该团队大部分人，在此行业中所经历的"最窝火"、"最可耻"的阅历。事件之后，一直跟随创始人的团队里的大部分人选择了离开，而没有去当时还在发展中的 91 外教网。

91 外教网后来被 51Talk 合并，与梯子网、那好网一样成了在线教育领域中触目惊心的失败案例。